Positive Psychologie

1. Auflage 2022

Inhalt

Einleitung

Hallo lieber Leser, hallo liebe Leserin,

zuerst einmal möchte ich mich bei Ihnen für den Kauf meines Buches bedanken und Ihnen einen kurzen Überblick verschaffen, was Sie in diesem Buch genau erwartet.

Es gibt Tage, da befindet man sich in einer unbeabsichtigten negativen Gedankenspirale, die kein Ende nehmen möchte. Doch dies ist auch nicht verwunderlich, da es von der Natur gegeben ist, dass das Gehirn negative Begebenheiten eher abspeichert und dies auch noch wesentlich intensiver als positive Ereignisse. Doch dies kann man ändern, indem das Gehirn umprogrammiert wird auf positives Denken.

Das Denken beeinflusst auch die Stimmung. Warum sollte man also nicht auch mal umdenken? Gehen Sie nicht immer davon aus, eine bestimmte Sache nicht bewältigen zu können, sondern gehen sie umgekehrt an den Sachverhalt heran. Beispielsweise können Sie sagen: „Das ist aber eine Herausforderung, die ich aber bestimmt bewältigen werde." Durch das Umschalten auf eine positive Denkweise gehen Ihnen die Dinge gleich viel einfacher von der Hand.

Viel zu gerne möchte man Erinnerungen und Emotionen an schöne Ereignisse in sich bewahren. Doch sobald der Alltag einen wieder eingeholt hat, gehen solche Erlebnisse oftmals schnell wieder unter und werden einfach vergessen.

Um genau dies zu vermeiden sollten Sie diese Ereignisse aufschreiben und ein „Ereignisbuch“ führen. Beschreiben Sie darin auch Ihre erlebten Gefühle. Fühlen Sie sich in bestimmten Phasen schlecht, können Sie dieses Buch einfach hervorholen und darin lesen. Dadurch bringen Sie sich wieder in die positiv erlebten Momente zurück und tanken nebenher gleich neue Energie auf.

Dieser Ratgeber führt Sie ein in die Welt des positiven Denkens. Sie lernen, was es bedeutet, emotionale Intelligenz und Selbstvertrauen aufzubauen, innere Blockaden zu lösen und das negative Gedankenkarussell zu stoppen. Ich wünsche Ihnen einen glücklichen Lebensweg und viel Erfolg dabei, die Tipps in diesem Buch umzusetzen!

Ihr Carsten Wenzel

Positive Psychologie – eine Definition

In der Wissenschaft wird die „Positive Psychologie“ beschrieben als eine Form des gelingenden Lebens, in dem Arbeiten, Freizeitgestaltung und ein harmonisches Zusammenleben zum Alltag gehören. Forscher untersuchen Bedingungen und Interaktionen, die das Wohlergehen und die ideale Entwicklung von Familien, Einzelpersonen, Beziehungen oder gar ganzer Gesellschaftsstrukturen unterstützen. Die positive Psychologie bezieht sich auf das Glück persönlicher, gesellschaftlicher und organisatorischer Ebene.

Dieser noch recht junge Bereich der Psychologie ist angelehnt an wissenschaftliche Forschungen und zieht daraus seine Erkenntnisse. Die Wissenschaftler beantworten seit einigen Jahrzehnten Fragen wie:

- Was bedeutet Glück? Kann es gemessen werden und was macht einen glücklich?
- Wodurch lässt sich Wachstum und Wohlergehen unterstützen?
- Wodurch lässt sich die körperliche und psychische Gesundheit erhalten?
- Wie kann das menschliche Potential entfaltet und gefördert werden?
- Was macht die Menschheit auf lange Sicht gesehen leistungsfähig?

- Wie können Krisen und Probleme erfolgreich gemeistert werden?
- Was macht das Leben lebenswert?

Inzwischen weiß man, dass die Gesundheit nicht durch das Ausbleiben von Krankheiten allein entsteht. Ebenso wenig wie sich Wohlbefinden und Glück durch das Fernbleiben von Leid entwickeln. Daher hat auch die Positive Psychologie den Schwerpunkt der Psychologie vom Lindern und Heilen psychischer Leiden, um die Förderung von Wachstum und Wohlergehen erweitert.

Dass heutzutage Depressionen geheilt werden können, hat die Menschheit an sich nicht glücklicher werden lassen. Auch der stetig zunehmende Wohlstand, das verbesserte Gesundheitswesen und vermehrte Sicherheit haben die menschliche Zufriedenheit nur unwesentlich gesteigert. Doch an dieser Stelle kommt die Positive Psychologie ins Spiel. Sie stellt fundierte Modelle und Theorien, Gegenargumente und Übungen zur Verfügung, die in unterschiedlichen Konstellationen zur Anwendung kommen.

Sicherlich ist es auch möglich, die Positive Psychologie als Oberbegriff für mannigfache verschiedenartige Themenbereiche zu sehen. Denn tatsächlich gab es in der Vergangenheit auch so manche Themen, die heute in der Positiven Psychologie berücksichtigt werden, wie etwa Resilienz und Achtsamkeit. Was allerdings die Positive Psychologie so mächtig macht, ist ihre werte-, sinn- und stärkenorientierte

Haltung. Ferner beinhaltet sie die Bereitschaft, in jedem etwas Gutes zu sehen. In der Positiven Psychologie steht das Wohl der Menschheit an oberster Stelle.

Was bedeutet eigentlich Lebensfreude?

Bezeichnend für Lebensfreude ist der Zustand in dem sich eine Person rundum glücklich fühlt. Im bestmöglichen Fall erfährt man solch ein Glück in sämtlichen relevanten Lebensbereichen, wie zum Beispiel in der Familie, im Liebesleben, bei Freunden oder im beruflichen Alltag. Wer in den Genuss des Zustands der Lebensfreude kommt, darf sich auch über weitere Vorteile freuen. Beispielsweise steigt das Selbstvertrauen, der Optimismus oder die Kreativität. Was natürlich auch nach sich zieht, dass die Ausstrahlung sich positiv verändert.

Jedoch sollte man auch berücksichtigen, dass pure Lebensfreude nicht von jetzt auf gleich entsteht. Davor steht die fortwährende Arbeit an der eigenen Person. Dabei müssen auch die Charakterzüge genauer betrachtet werden und in solchen Augenblicken können Sie sehr schnell lernen, wer Sie wirklich sind. Sie lernen hierbei auch, wie Ihre inneren „Programme“ arbeiten und diesen Prozess müssen Sie ebenfalls durchlaufen. Des Weiteren ist es von Bedeutung, dass Sie sich nicht von negativen Erfahrungen, die Sie gemacht haben, aus der Bahn werfen lassen. Nur so werden Sie gestärkt und dürfen nach und nach mehr Lebensfreude erfahren.

Ehe es letzten Endes gelingt, das Ziel der Lebensfreude zu erreichen, muss täglich sehr viel Disziplin geübt werden. Sie müssen unbedingt an sich und Ihr Selbstbewusstsein glauben. Denn überkommt Sie eine Krise oder schwere Lebensphase, dürfen Sie nicht aufgeben. Sie müssen immer mit einer festen Entschlossenheit an Ihre Fähigkeiten glauben.

Warum verlieren manche Menschen die Lebensfreude?

Es gibt Menschen, die haben den Glauben an sich und die Lebensfreude verloren. Doch warum ist das so und welche Gründe stecken dahinter? Nachfolgend sind fünf häufige Gründe aufgeführt, die dazu beitragen, die Freude am Leben zu verlieren.

Falsche Glaubenssätze

Manche Glaubenssätze verankern sich tief im Gehirn. Sie können etwa lauten:

- „Alle anderen sind viel schlauer als ich."
- „Ich kann einfach gar nichts!"
- „Ich hasse mein Gewicht und meinen Körper."

Solche oder ähnliche Gedanken hinterlassen auf der Seele kleine Narben. Sie führen dazu, dass das Selbstvertrauen langsam schwindet, was wiederum dazu beiträgt, dass die Lebensfreude nach und nach abnimmt und der Alltag schon fast zur Qual wird.

Zu viel Strenge gegen sich selber

Sie sind genau richtig, so, wie Sie sind! Jeder Mensch hat seine Schwachstellen und das macht einen ja auch aus. Machen Sie Ihre Freude am Leben nicht abhängig von kleinen Mankos. An Schwächen kann man arbeiten und die Motivation sollten Sie sich zu eigen machen. Letztendlich wird es auch die Motivation sein, die Sie durch die Tiefen Ihres Lebens führt. Das bedeutet, dass Sie auch kleine Defizite bestehen lassen sollten, denn diese machen einen Menschen erst so wirklich liebenswert und einzigartig!

Gesellschaftliche Reglements

In der heutigen Gesellschaft werden einem gewisse Regeln mit an die Hand gegeben, die allerdings nicht übereinstimmen mit der eigenen Vorstellung der Lebensführung. Doch wie handhabt man solche Situationen? Beugt man sich den Werten und Regeln, die von fremden Dritten an einen herangetragen werden? Oder arbeitet man sich ein eigenes System aus, nach dem man leben möchte? Entscheidet man sich für die Gesellschaftlichen Reglements läuft man mitunter Gefahr, dass die Lebensfreude wesentlich zurückstecken muss. Lebt man nach seinen eigenen Regeln, besteht die Möglichkeit, sich frei zu entfalten und der Raum für die Lebensfreude wird dementsprechend größer.

Von anderen Personen abhängig sein

Ist man von anderen Personen abhängig, beispielsweise vom Arbeitgeber, Lebensgefährten oder Freunden, kann auch die Lebensfreude unter Umständen deutlich leiden. Daher ist es auch von Bedeutung, dass man sein Glück von anderen Menschen loslöst und für sich selbst die Verantwortung übernimmt.

In einigen Fällen kann das auch bedeuten, dass man sich von einer anderen Person trennen muss. Denn wie wird das Leben einmal aussehen, wenn nicht zuletzt Zeit in eine unschöne Beziehung, ein katastrophales Arbeitsverhältnis oder eine auslaufende Freundschaft gesteckt wird? Sie können sich wahrscheinlich die Antwort selbst geben.

Eine ichbezogene Denkweise

Ist man jedoch in hohem Maße von sich selbst eingenommen, übersieht man gerne auch schon mal die eigenen Fehler. Doch ebendiese Fehler tragen dazu bei, dass man nicht die Lebensfreude erreicht, nach der man sich immer sehnt. Es ist also sehr bedeutsam, dass man sich aus objektiver Sicht die eigenen Fehler anschaut und berichtigt. Eine korrigierte Denkweise über sich selbst hilft einem dabei sich persönlich weiterzuentwickeln und dadurch mehr Freude am Leben zu gewinnen.

Beanstandungen an der Positiven Psychologie

Nicht zuletzt wird die Positive Psychologie leichtfertig als „Positives Denken“ oder „Positive Ideologie“ belächelt, die Positives zu sehr hervorhebt und Negatives abtut. Gerade zu Beginn ihrer „Karriere“ hat die Positive Psychologie sich wahrscheinlich zu sehr auf das Positive fokussiert. Mit der Zeit und ihrer Entwicklung hat sich dies allerdings verändert. Zwischenzeitlich gehören der Positiven Psychologie auch die Erforschungen negativer Gefühle und die genauere Betrachtung von Schwierigkeiten und Krisen an.

Die Positive Psychologie dementiert nicht, dass ein Leben nicht nur aus Positivem und den schönen Seiten besteht, vielmehr beleuchtet sie auch, inwieweit Menschen mit Schicksalsschlägen umgehen und Krisen meistern. Auch, ob sie an solchen Situationen wachsen können. In der Positiven Psychologie geht es auch nicht darum, dass man sich die Dinge schönredet oder alles mit einem Lächeln abtut. Genauer gesagt geht es darum, dass man erkennt, was im Leben von Bedeutung ist, was eine Person wirklich ausmacht und wie mit schwierigen Situationen umgegangen wird. Die in der Positiven Psychologie erforschten Themenbereiche haben kaum etwas mit leichtgläubig Optimismus gemein.

Menschen, die den Ausdruck „Positive Psychologie“ hören, verwenden gleich das Pendant „Negative Psychologie“. Jedoch ist dies nicht ganz berechtigt. Denn was die Positive Psychologie keinesfalls beschreiben möchte, ist, dass die

„herkömmliche“ Psychologie negativ bewertet wird. Die Positive Psychologie ist eher als eine sinnvolle und wichtige Ergänzung anzusehen. Beide Sparten der Psychologie haben somit ihre Existenzberechtigung und sind für viele Menschen von Bedeutung.

Das Glück fußt auf fünf Säulen

Das Glücksgefühl, welches man empfindet, wird durch das Handeln und Denken regelrecht gesteuert. Jeder Mensch hat ein anderes Glücksempfinden und dabei sind nur 10 % auf äußere Faktoren zurückzuführen. Das bedeutet, dass man deutlich mehr für sein persönliches Glück machen kann, als man es bislang angenommen hat. Und das ist gar nicht so schwer wie manch einer glaubt. Im Folgenden sind einmal die fünf Säulen des Glücks aufgeführt.

Das PERMA-Modell einfach erklärt

Der amerikanische Psychologe Martin Seligman hat viele Studien zu Depressionen durchgeführt und ist Mitbegründer der Positiven Psychologie. Hierauf bezogen machte er sich Gedanken darüber, was ein erfülltes und gutes Leben ausmacht, um glücklich zu sein. Nicht zuletzt warf er die Frage auf, was jeder dafür tun könnte. Die Schlussfolgerungen aus seinen Überlegungen und Forschungen trug er dann in dem PERMA-Modell zusammen.

Der Begriff „PERMA" ist eine Kurzbezeichnung für:

- **P**ositive Gefühle
- **E**ngagement - Einsatzfreude
- **R**elationships - Beziehungen
- **M**eaning - Sinn
- **A**chievement - Leistung

Diese fünf Säulen bilden genau die Bereiche, die für Ihr persönliches Wohlergehen und Ihre Zufriedenheit „zuständig" sind. Stellen Sie sich einfach mal fünf große Gläser vor und überlegen sich, wie voll diese Gläser gefüllt sind. Sind Sie zufrieden mit dem Füllstand und sind alle fünf auf dem gleichen Stand? Studien haben ergeben, dass wenn alle Säulen einen einigermaßen gleich hohen Stand haben, führt man mutmaßlich ein erfülltes und schönes Leben.

Säule 1: Positive Gefühle

Was benötigen Sie, um glücklich zu sein? Aller Wahrscheinlichkeit nach ist es von Bedeutung, dass Sie sich einfach wohlfühlen. Und genau dabei geht es bei Säule Nr. 1. Damit man dauerhaft ein glückliches Leben führen kann reicht es nicht aus, dass die negativen Gefühle im Zaum gehalten oder gar unterdrückt werden. Dies würde sich mit der Zeit umkehren und wahrscheinlich würden Sie irgendwann „explodieren".

Jeder ist tagtäglich von negativen Einwirkungen umgeben, die dann auch noch intensiver wahrgenommen werden, als positive Einflüsse. Möchten Sie ein schönes Leben führen, dann sollten Sie auch die negativen Emotionen bewusst wahrnehmen, aber die positiven Gefühle natürlich noch viel mehr. Denn die negativen Einflüsse kommen in der Regel ganz von alleine. Für die positiven muss man schon etwas mehr leisten.

Zehn positive Gefühle, die besonders für Wohlbefinden und Glück sorgen:

1. Freude
2. Dankbarkeit
3. Gelassenheit
4. Neugierde / Entdeckungsfreudigkeit
5. Hoffnung

6. Inspiration

7. Stolz

8. Spaß

9. Achtung

10. Liebe

Gehen Sie in sich hinein und fragen sich, wann Sie diese Gefühle erlebt haben. Wie oft finden sie in Ihrem Leben statt? Was tun Sie, um diese Emotionen besonders zu spüren?

Das können Sie für sich tun: Blicken Sie am Abend positiv auf den Tag zurück und tauchen in die positiven Emotionen ein.

Damit Sie Ihren Blick für die positiven Emotionen, die Sie tagsüber empfunden haben, zu schärfen, ist der positive Rückblick ein einfaches, aber durchaus effektives Hilfsmittel, was auch von Fachleuten empfohlen wird. Nehmen Sie sich abends einfach ein paar Minuten Zeit, um den erlebten Tag noch einmal Revue passieren zu lassen und konzentrieren Sie sich dabei auf folgende Fragen:

- *Was war an dem heutigen Tag besonders schön?*
- *Was hat mir gut gefallen?*
- *Was habe ich dafür getan?*

Vielleicht möchten Sie auch dazu übergehen, und ein Positivtagebuch zu schreiben. In dieses Buch schreiben Sie Ihre positiven Gefühle hinein und können es sich bei Bedarf zur Hand nehmen.

Säule 2: Engagement – Einsatzfreude

Ein bedeutsamer Bestandteil eines erfüllten Lebens sind die persönlichen Stärken. Sobald diese Stärken im richtigen Maß eingesetzt und ausgelebt werden, kommt man ganz von alleine in den sogenannten „Flow", also einem beglückenden Gefühl. Vielleicht kennen Sie das, wenn Sie Ihrem Hobby nachgehen oder so in eine schöne Sache vertieft sind, dass Sie darüber die Zeit vergessen. In solchen Momenten waren Sie in einem „Flow".

Leider ist es in der heutigen, stressigen Zeit so, dass viele Menschen ihre Stärken „unterdrücken" beziehungsweise sie zu wenig ausleben können oder wollen. Viel zu oft regt sich ein inneres Unbehagen, welches dazu führt, dass man es lieber bleiben lässt, einer besonderen Stärke freien Lauf zu lassen. Oder wann haben Sie das letzte Mal so richtig lautstark beim Duschen gesungen?

Es gibt aber auch Menschen, die ihre Stärken ganz tief im Inneren „vergraben" haben, die sie quasi schon Jahre nicht mehr hervorgeholt haben. Und diese Stärken warten nur darauf, dass sie wieder herausdürfen.

- Bei welchen Gegebenheiten hatten Sie das letzte Mal ein Flow-Erlebnis?
- Gab es in der Vergangenheit Momente, in denen Sie gedacht haben, dass Sie eigentlich etwas gut können, haben dies dann allerdings auch welchen Gründen auch immer bleiben lassen?

Wissenschaftliche Studien haben ergeben, dass es fünf wichtige Stärken gibt, die für ein schönes Leben bedeutsam sind. **Diese sind: Dankbarkeit, Hoffnung, Interesse, Bindungsvermögen sowie Begeisterungsfähigkeit.** Wie würden Sie es für sich selbst einschätzen? Setzen Sie diese Stärken schon bewusst und regelmäßig in Ihrem Alltag ein? Nein? Dann ist es ratsam, dass sie damit anfangen und die nachfolgende Übung einmal ausprobieren.

Das können Sie für sich tun: Fördern Sie diese fünf Stärken! Begeben Sie sich an einen ruhigen Ort, zum Beispiel ein Zimmer und suchen sich eine Stärke aus diesen fünf heraus. Bereiten Sie sich innerlich darauf vor, dass Sie diese Stärke am nächsten Tag einsetzten werden, ganz gleich ob es im Berufsleben ist oder im privaten Alltag.

Die Neugierde kann beispielsweise dadurch angeregt werden, indem Sie in eine außergewöhnliche Ausstellung gehen, die Sie eigentlich nicht besuchen wollten. Seien Sie jeden Abend dankbar, dass Sie den Tag erleben durften und verleihen Sie der Dankbarkeit mehr Stärke.

Auch die Kreativität ist eine Stärke, die Sie täglich ausleben dürfen und Sie werden mit Sicherheit neue Seiten an sich selbst entdecken. Nehmen Sie sich abends circa eine halbe Stunde Zeit, um den Tag noch einmal zu durchleben und stellen Sie sich ein paar Fragen dazu:

- *Wie habe ich mich gefühlt, ehe ich diese eine Stärke bewusst ausgelebt habe?*
- *Welchen konkreten Schritt bin ich gegangen, um diese Stärke neu hervorzuholen und wie habe ich dies wahrgenommen?*
- *Ist es mir leichtgefallen?*
- *Welche Veränderung habe ich erlebt?*
- *Ist es das wert, diese Stärke weiter auszuleben? Oder möchte ich das lieber doch nicht?*

Diese einfache Übung kann täglich wiederholt werden. Variieren Sie die Stärken und spüren Sie in sich hinein, was sich an Ihren Emotionen verändert.

Säule 3: Relationship – Beziehungen pflegen

Beziehungen zu Freunden sind heutzutage eine wichtige Basis, die nicht unterschätzt werden sollte. Denn nach einem lustigen und ausgiebigen Treffen mit anregenden Gesprächen fühlt man sich in der Regel wohl, empfindet möglicherweise sogar ein Glücksgefühl.

Freunde oder auch Partner, die einen so annehmen, wie man ist und die einen in- und auswendig kennen. Freunde zu haben, bei denen man weiß, dass man sich auf sie verlassen kann und die auch noch das Gefühl vermitteln, dass man angekommen ist, lässt eine enorme Zufriedenheit in einem aufkommen. Ob es sich dabei um den eigenen Partner, die Familie oder eine beste Freundin handelt, ist unerheblich. Das Glücksbarometer hebt sich, wenn man von ebensolchen Personen umgeben ist, die einem guttun und bei denen man sich geborgen fühlt.

Natürlich ist es auch von Bedeutung, dass man sich hin und wieder fragt, auf wen in seinem näheren Umfeld man sich wirklich zu tausend Prozent verlassen kann. Denn es gibt auch Beziehungen, die rauben mehr Energie, als dass sie einem gegeben wird. Es ist auch nicht weiter schlimm, wenn derartige Beziehungen dann beendet werden. Schließlich möchte man sich ja auch in deren Gegenwart wohl fühlen und nicht mit einem unguten Gefühl zu einem Treffen gehen. Ein schönes Leben zu führen bedeutet auch, dass man kritisch seine Beziehungen in Augenschein nimmt und – wie erwähnt – auch mal Beziehungen auflöst.

Das können Sie für sich tun: Durch liebe Gesten neue Beziehungen herstellen und vertiefen.

Gehen Sie in sich und überlegen einmal, worüber Sie sich am meisten freuen würden? Sind es eher die teuren Geschenke oder doch lieber die kleinen Anerkennungen, wie zum Beispiel ein hübscher Blumenstrauß von Ihrem Partner? Wissenschaftlich nachgewiesen ist, dass die kleinen Gesten der Freundlichkeit die eigene Zufriedenheit wesentlich steigern. Das gilt nicht nur für denjenigen der beschenkt wird, sondern auch bei denen, die gerne schenken.

Hinter dem Begriff „**Random acts of kindness**" verbirgt sich die Geste, kleine Aufmerksamkeiten zu verschenken, was auch die meisten Menschen gerne machen. Dabei wird auch keine Gegenleistung erwartet. In der Theorie ist das eigentlich ganz leicht machbar. Jedoch geht diese Geste im täglichen Alltagsstress unter. Viel zu sehr konzentriert man sich auf den Stress beziehungsweise auf das, was noch an Arbeit zu erledigen ist.

Es fehlt dabei einfach die Zeit für die wirklich bedeutsamen Dinge. Doch diese Gesten der Aufmerksamkeit wieder in sein Leben zu integrieren bedeutet auch, dass man sich Zeit nehmen muss. Solche Freundlichkeitsgesten können einfach nur ein nett geschriebener kleiner Zettel sein mit einer Einladung zum Kaffeetrinken oder einem kleinen Blumenstrauß, den man seiner alten Mutter beim nächsten Besuch mitbringt.

Überlegen Sie sich einmal, wie Sie in den nächsten Wochen gerade die Person, die Ihnen nahesteht, eine kleine Freude machen können. Dabei reicht es schon völlig aus, wenn Sie den Menschen zu einem Café-Besuch einladen oder auch nur die Lieblingsschokolade mitbringen. Auch über eine schön beschriebene Postkarte wird sich Ihre

Freundin freuen. Es gibt eine Reihe von Möglichkeiten, wie man seine Dankbarkeit zeigen kann. Fehlt Ihnen noch die richtige Anregung, dann schauen Sie im Internet danach. Viele DIY Websites regen dazu an, Kleinigkeiten selbst zu basteln.

Säule 4: Ist die Suche nach dem Sinn immer sinnvoll?

Wer denkt nicht über den „Sinn des Lebens“ nach? Manche Menschen setzen sich sehr damit auseinander und machen sich Gedanken darüber, welcher Zweck dahintersteckt, eine bestimmte Sache zu machen. Oder auch, welchen Sinn ihr Leben hat und mit welchen Dingen sie sich möglicherweise intensiver beschäftigen sollten. Es stellt sich also für diese Menschen die Frage, worauf sie ihr Leben ausgerichtet haben und wofür sie leben. Doch ist die Suche nach dem Sinn des Lebens auch wirklich notwendig?

Fachleute sind sich einig, dass es den „eigentlichen Sinn“ nicht wirklich gibt. Denn diese Suche nach dem „einen“ Sinn ist sinnlos und sie wird niemals enden. Einen solchen Sinn kann nur von einem selbst erschaffen werden. Das bedeutet, es gibt im Prinzip „den Sinn“ in jedermanns eigenem Leben. Jede Kreatur entscheidet und bestimmt selbst, was Sinn macht und wie das Leben sinnvoll gestaltet werden soll.

Das können Sie für sich tun: Schreiben Sie den Sinn IHRES Lebens auf! Nehmen Sie sich genügend Zeit und schreiben Sie zunächst auf, was Ihnen spontan in den Kopf kommt. Überlegen Sie, welche Werte, Sehnsüchte und Wünsche Sie haben. Was müssen Sie tun, um diese Dinge eines Tages zu erreichen. Je öfter Sie schreiben, umso näher werden Sie Ihrem Sinn des Lebens kommen.

Säule 5: Eigene Ziele erreichen durch Leistung

Bestimmte Ziele in seinem Leben zu haben und auch noch zu erreichen, ist eng verknüpft mit einer gewissen Leistungserbringung. Wenn die Ziele, die man verfolgt auch für einen selbst sinnvoll erscheinen, trägt man ganz von alleine zu seinem Wohlbefinden bei und einem glücklichen Leben bei. Doch warum ist das so? Ganz einfach: Das Selbstwertgefühl steigt, wenn die Ziele erreicht wurden und man wird zufriedener.

Von Bedeutung ist es, dass man seine eigenen Ziele im Leben kennt. Arbeitet man nur auf Ziele hin, die von anderen Personen auferlegt wurden, beispielsweise im Berufsleben, stellt sich schnell heraus, dass nur mit mangelnder Leistung daran gearbeitet wird. Hingegen sieht es anders aus, wenn die gesteckten Ziele von einem selbst kommen. Dann können auch schon mal Berge versetzt werden.

Es ist also wichtig, dass man sich hin und wieder einmal fragt, wo man hinmöchte und welche Ziele noch erreicht werden wollen. Sind diese Ziele auch wirklich für einen so essentiell oder kann auch mal ein Ziel gegen ein anderes ausgetauscht werden? Auch ist es hilfreich, seine Ziele mitunter zu differenzieren, indem man sich fragt, was man haben, erleben oder beitragen möchte. Sind diese Antworten auf die Fragen gefunden, geht es im nächsten Schritt darum zu überlegen, was man dafür tun oder welche Leistung man erbringen muss. Welche Wege können eingeschlagen werden und müssen Hindernisse überwunden werden.

Sehr schön lässt sich hier dann wieder die ein oder andere Stärke einsetzten, um sein eigenes Ziel zu erreichen und glücklich zu werden.

Das können Sie für sich tun: Die Ziele nicht aus den Augen verlieren.

Es kommt auch schon mal vor, dass es einem schwerfällt, ein konkretes Ziel zu definieren. Dann ist es an der Zeit, dass Sie einen Tag nur für sich einplanen. Gemeint ist damit aber nicht einfach nur einen Tag Urlaub zu nehmen und den Büroalltag außen vor zu lassen. Nein. Sie sollten sich einen Tag gestalten, an dem Sie auch aus Ihrem privaten Alltag „ausscheren". Lassen Sie Ihrer Kreativität freien Lauf und planen Sie zum Beispiel eine Auszeit in einem besonders schönen Park.

Stellen Sie sich nun vor, Sie seien zwei oder drei Jahre weiter. Wo möchten Sie dann stehen beziehungsweise welche Ziele möchten Sie erreicht haben? Beschreiben Sie es so anschaulich wie möglich – auch Emotionen dürfen mit einfließen. Überlegen Sie, welche Menschen Sie umgeben sollen, wo Sie beruflich stehen möchten – Karriereleiter weiter hoch oder lieber „normales“ Angestelltenverhältnis? Wie möchten Sie Ihre Zeit verbringen und welche Freizeitaktivitäten könnten reizvoll für Sie sein? Auch kleine Ziele, wie zum Beispiel eine Fremdsprache oder eine neue Sportart lernen sind erstrebenswert.

Wichtig ist nur, dass Sie Ihre Ziele nicht aus den Augen verlieren. Erinnern Sie sich daran, dass zwar auch eine gewisse Leistung abverlangt wird, Sie aber bei Erreichen des Ziels Stolz auf sich sein können. Was wiederum zur Folge hat, dass sie selbstbewusster und glücklicher durchs Leben gehen.

Ein Großteil der Menschen reflektiert nur ungenügend und nicht regelmäßig genug über das eigene Leben. Somit geht ihnen auch die Fähigkeit verloren, ihre Träume, Wünsche und Sehnsüchte an die Oberfläche zu holen. Manche haben aber auch schlichtweg Angst, ihren vermeintlich sicheren Lebensweg zu verlassen. Doch bei dieser Art können auch kaum Ziele hergeleitet werden, die sie sodann mit Enthusiasmus und dem Verwenden ihrer Stärken erreichen können. Nur leider werden sie auch nicht die wundervollen Gefühle erleben, die auftreten, wenn man sein Ziel erreicht hat. Machen Sie nicht auch den Fehler!

Sicherlich gibt es keine allgemeingültige Anleitung für alle Menschen, die das Glück suchen. Doch das PERMA-Modell ist zumindest eine gute Grundlage, um dem Glück beziehungsweise einem zufriedenen Leben und Wohlbefinden näher zu kommen.

Positives Denken, positives Selbstbewusstsein

Selbstvertrauen aufbauen

Selbstvertrauen bedeutet zunächst einmal, sich selbst sowie den eigenen Kompetenzen zu vertrauen. Diejenigen Menschen, die über ein gesundes Selbstvertrauen verfügen, haben kein Problem damit, sich neuen Herausforderungen zu stellen. Sie fühlen sich nicht unsicher, haben ein positives Selbstbild und sind davon überzeugt, Aufgaben und ihren Alltag gut meistern zu können.

Das Selbstbewusstsein kann jedoch auch durch negative Erlebnisse und Erfahrungen beeinflusst werden. Um das Selbstwertgefühl dann wieder neu zu erlernen, ist es von Bedeutung, die Emotionen, Erlebnisse und Überzeugungen aufzuarbeiten, die in vergangener Zeit entstanden sind. Negative Glaubenssätze müssen durch positive ersetzt werden. Es zeigen sich auch bestimmte Symptome, die bei einem mangelnden Selbstvertrauen an die Oberfläche gelangen.

Relativ typische Anzeichen sind:

- *sich Sorgen machen um die eigene Zukunft*
- *sich erinnern an gemachte Fehler und Misserfolge*
- *sich geistige Bilder hervorholen, über Dinge, die schlecht gelaufen sind*

- *sich Gedanken machen über ein mögliches Scheitern oder eventuell aufkommenden Katastrophen*
- *Körperliche Anzeichen: Herzrasen, nervöses Bauchgrummeln, trockener Mund, rötliche Flecken im Gesicht und Hals*

Viele Menschen erleben in unterschiedlichen Zusammenhängen fast täglich solche Symptome und verlieren so an Selbstbewusstsein. Sie reden sich dann ein, dass sie ihre Ziele nicht erreichen können oder nicht so sein können, solange sie nicht ihr Selbstvertrauen wieder stärken.

Welche Auswirkungen kann ein mangelndes Selbstbewusstsein haben?

Die oben beschriebene „Lücke“ im Selbstvertrauen ist jedoch gefährlich. Denn wenn eine Person so denkt, gerät sie in eine Abwärtsspirale. Andersherum ist es richtiger: Die Unsicherheit und Angst müssen „an die Hand“ genommen werden, um so wieder in den Handlungsmodus zu gelangen. Dann kommt auch wieder das Gefühl von Selbstvertrauen auf. Menschen, die wenig Selbstbewusstsein haben, erkennen ihren eigenen Wert nicht und erlauben es sich auch nicht, das Leben so zu leben, wie sie es sich vorstellen oder wie es zu ihnen passt. Sich einmal mit den eigenen Werten auseinanderzusetzen ist grundsätzlich wichtig und sollte immer schrittweise erfolgen.

Ziele leichter erreichen durch mehr Selbstbewusstsein

Das Erkennen der inneren Einstellung ist sehr bedeutsam, denn hieraus leiten sich auch die persönlichen Ziele ab. Um ein Ziel zu erreichen, wird Selbstbewusstsein benötigt. Aus diesem Grund ist Selbstvertrauen auch in der Regel „zweckgebunden". Durch ein gesundes Selbstvertrauen kann man dann eben auch seine Ziele erreichen.

Fragen Sie sich ruhig einmal:

- *Was wäre anders, wenn Sie mehr Selbstbewusstsein hätten?*
- *Würden Sie anders handeln?*
- *Welche Beziehungen oder Dinge würden Sie beenden?*
- *Welche anderen Ziele würden Sie verfolgen?*

Doch was machen Menschen, die ein großes Selbstbewusstsein haben, anders? Personen, die ein großes Selbstvertrauen haben sind sich ihrer Ziele bewusst und sie nehmen ihre „negativen" Gedanken nicht ganz so ernst. Sie trotzen ihren Gedanken und agieren dennoch, anstatt mit ihnen zu verschmelzen. Ihre Bedenken schieben sie einfach auf die Seite. Mit einem großen Selbstvertrauen gehen Personen mit ihrer Angst anders um. Zum Beispiel schickt die Ratio Mahnungen, warum etwas schiefgehen kann, welche Hindernisse überwunden werden müssen, dass das eigene Talent nicht ausreicht oder welche schrecklichen Erlebnisse auftauchen können. All das bringt eine selbstbewusste Person nicht aus der Ruhe ober beängstigt sie – sie wird ihre Ziele erreichen. Und das ist schlichtweg nicht durch das reine Denken zu meistern, sondern durch aktives Handeln.

Worauf fußt ein gesundes Selbstbewusstsein?

Damit ein gesundes Selbstbewusstsein aufgebaut und danach gelebt wird, bedarf es der Arbeit an einigen Bausteinen:

- *Förderliches Gedankengut wird zunächst identifiziert und auch genutzt während schädliche Gedanken auf Abstand gehalten werden.*
- *Die eigenen Werte und Bedürfnisse werden erkannt und die entsprechenden Ziele darauf ausgerichtet.*
- *Mit Bedacht über Regelmäßigkeit kommt man zum aktiven Handeln und behält seine Ziele im Auge.*
- *Übung macht den Meister – auch beim Erreichen der Ziele. Das bedeutet, die Fähigkeiten und Fertigkeiten sollten verbessert und immer wieder neu angewandt werden.*

Durch aktive Handlungen das Selbstvertrauen stärken

Wahrlich benötigen Sie für das Selbstvertrauen zunächst einmal das aktive Handeln. „Ins Machen kommen“ – dieser Impuls entsteht durch Handlungen. Selbstvertrauen baut sich auch dadurch auf, dass Sie sich auf etwas einlassen und sich selbst vertrauen. Menschen, die ein hohes Selbstvertrauen haben, fokussieren sich sehr achtsam auf ihr Handeln. Sie lassen sich auf Gegebenheiten ein und sind dabei ganz bei sich – egal ob es sich um berufliche Tätigkeiten, sportliche Aktivitäten oder sonstige Beschäftigungen handelt. Diese Personen sind dazu in der Lage, sich aufmerksam auf eine Aufgabe zu konzentrieren. Dabei erkennen sie, dass negatives Gedankengut an das Unmögliche oder das Scheitern nicht förderlich ist.

Selbstbewusstsein, Selbstakzeptanz, Selbstwert und Selbstvertrauen – ein und dasselbe?

Die genannten Begriffe bedeuten nicht dasselbe. Das Selbstwertgefühl ist sozusagen ein „Gesamtkonstrukt“, welches sich aus der Selbstakzeptanz, dem Selbstvertrauen und aus sozialen Fähigkeiten zusammensetzt. Das Selbstbewusstsein ist eher eine variierende Bezeichnung für das Selbstwertgefühl und es drückt eigentlich aus, dass die Person sich ihres Selbst und ihrer Wertigkeit als Kreatur bewusst ist. Die Selbstakzeptanz steht dafür ein, wie sich eine Person in ihrem aktuellen Zustand annimmt und sich nicht nur einfach akzeptiert. Manche Menschen sind sogar der Meinung, dass ein gutes Selbstwertgefühl nicht unbedingt gut sei, da es mit Narzissmus und Egoismus einhergeht und diese Personen dann zu Vorurteilen neigen.

Wichtigkeit von Selbstliebe, warum sie so hoch bewertet wird

Den meisten Menschen fällt Selbstliebe schwer. Sie erkennen fast nur ihre Makel, Unzulänglichkeiten und Fehler und die daraus hervorgehenden Vergleiche mit anderen und hohen Erwartungen an sich selbst, machen das Ganze nicht einfacher. Natürlich ist es so nicht machbar, ein positives Selbstbild von sich zu entwerfen, sich selbst anzunehmen und zu lieben wie man ist.

Doch die Selbstliebe ist eine grundlegende Voraussetzung für Zufriedenheit, Glück und Erfolg. Doch das Gute ist, dass man Selbstliebe lernen kann. Zwar ist dies nicht ganz leicht, denn oftmals sind die negativen Bilder, die man von sich hat, tief verwurzelt und antrainiert. Ganz einfach erklärt ist Selbstliebe eine Liebe zu sich selbst. Dabei geht es darum, die eigene Person nicht einfach nur zu akzeptieren. Vielmehr bedeutet es, dass man sich wirklich liebt – mit allen Stärken und Schwächen und charakterlichen Eigenschaften die dazugehören.

Doch bitte berücksichtigen Sie, dass die Selbstliebe nicht gleichzusetzen ist mit der Selbstverliebtheit. Hier steht eher die Arroganz oder der Hang zum Narzissmus im Vordergrund. Ebenfalls gehören Egoismus oder übertriebene Selbstgefälligkeit nicht zur Selbstliebe.

Daher ist Selbstliebe so bedeutsam

Diejenigen Menschen, die ihre Eigenheiten, ihre Marotten aber auch ihre liebevollen Seiten gänzlich annehmen, akzeptieren gleichzeitig auch sich als Gesamtpaket. Sie behandeln sich gut und gehen auch auf ihre Bedürfnisse ein. Selbstliebe ist quasi der Schlüssel zu mehr Glück und Zufriedenheit im Leben. Darüber hinaus bedeutet Selbstliebe nicht, dass nach der Zuneigung anderer gestrebt wird, vielmehr ist es die Gewissheit, sich selbst gut genug zu sein. Liebt man sich selbst, ist man nicht auf Anerkennung oder Zuspruch von Dritten angewiesen. Emotionale und mentale Freiheiten sind dann gegeben. Mangelt es hingegen an Selbstliebe, so ist man abhängig von der Zuneigung anderer.

<u>Vorteile der Selbstliebe:</u>

Selbstliebe strahlt positive Aura aus

Inwieweit man mit sich im Reinen ist, spüren auch die Menschen, die sich im näheren Umfeld befinden. Authentizität und Selbstliebe sind beide miteinander verwoben. Daher sollte man sich auch nicht verstellen, um anderen Mitmenschen auf „Teufel komm raus“ zu gefallen.

Selbstliebe erleichtert den Umgang mit seinen Mitmenschen

Auch im Umgang mit seinen Mitmenschen wirkt sich die Selbstliebe aus. Ist man mit sich selbst nicht zufrieden und im Reinen, kommt es vor, dass man dies an Anderen auslässt. Angestaute Wut und Frustrationen entladen sich dann gegenüber Dritten. Mag man sich aber selbst, ist auch der Umgang mit anderen Personen positiver, offener und wesentlich freundlicher.

Selbstliebe macht erfolgreich

Jeder kennt das und hat es sicherlich schon einmal erlebt: Kritik, Rückschläge und Fehler, die im Leben nun einmal passieren – auch im beruflichen Alltag. Durch die Selbstliebe lernt man aber, mit diesen Dingen richtig umzugehen, ohne sich selbst zu beschuldigen oder zu früh aufzugeben.

Warum fällt es vielen Menschen schwer, sich selbst zu lieben?

Die Auslöser und Hintergründe für eine mangelnde Selbstliebe sind oftmals in der Kindheit zu finden. Im Grunde genommen hat es jede Person verdient, geliebt zu werden. Doch nicht immer sind die Familienkonstellationen darauf ausgelegt. Anstatt dass das Kind Zuneigung und Bestätigung erfährt, werden Vorwürfe laut oder Missachtung wird ausgedrückt. Als Folge machen sich Minderwertigkeitskomplexe in einem breit. Doch anstatt zu lernen, dass man gut und liebenswert ist, entwickelt sich das Bedürfnis nach Anerkennung, Respekt und Liebe von außen.

Im Umkehrschluss bedeutet dies, dass diejenigen, die nicht in frühen Jahren lernen, dass sie es wert sind auch ohne Gegenleistungen zu erbringen geliebt zu werden, werden auch Schwierigkeiten damit haben, sich selbst zu lieben. Bei einer mangelnden Selbstliebe treten auch immer wieder Verhaltensweise auf, die für die betreffende Person teilweise recht schwierig zu Händeln sind.

Der Fokus liegt zu sehr auf den eigenen Fehlern

Jeder kennt seine eigenen Ecken und Kanten und da ist es für Menschen, die keine Selbstliebe zulassen, schwierig, von sich ein positives Bild entstehen zu lassen. Hinzu kommt, dass diese Sicht auf die Fehler noch mit Selbstzweifeln kombiniert werden. Und dies ist ein Teufelskreis, der bis hin zur Selbstablehnung führen kann.

Sie stellen sich die Selbstliebe falsch vor

Es sind auch oftmals die Missverständnisse, die eine Selbstliebe behindern. Natürlich möchte keiner als selbstverliebt, egoistisch oder arrogant von anderen Personen wahrgenommen werden. Daraus resultiert dann, dass das eigene

Selbstbild „Risse“ bekommt und die betroffenen Personen sich einreden, dass sie schlecht sind und sich deswegen hassen.

Sich selbst die nötige Zeit geben

Die Selbstliebe entwickelt sich nicht von jetzt auf gleich. Hierfür ist ein Umdenken erforderlich, welches eine gewisse Zeit in Anspruch nimmt. Von Bedeutung ist, dass sich die betroffenen Personen auch diese Zeit zugestehen und an sich arbeiten. Dabei sollten sie versuchen, bestehende Denkmuster Schritt für Schritt abzubauen und ein besseres Selbstbild von sich entstehen zu lassen.

Selbstachtung vor sich selbst – Wertschätzung lernen

Wie wird Selbstachtung eigentlich genau definiert?

Seit Beginn des 20. Jahrhunderts ist die Selbstachtung immer mal wieder Bestandteil psychologischer Untersuchungen. In der Forschung gibt es einige theoretische Berührungspunkte, die die Selbstachtung aus unterschiedlichen Perspektiven definieren und beleuchten. Bei der Definition der Selbstachtung wird die Wertschätzung der eigenen Persönlichkeit an erster Stelle genannt.

Wenn Sie Selbstachtung haben, sind Sie mit sich selbst zufrieden, können Grenzen aufzeigen, haben einen guten Blick auf Ihre Stärken und Schwächen und schätzen sich so wert, wie Sie es sind. Durch die Selbstachtung sind Sie in der Lage, Ihre Bedürfnisse und Wünsche zu erkennen, dementsprechend zu kommunizieren und haben ein Selbstverständnis. Auch, wenn Sie mal Rückschritte erleiden oder etwas nicht nach Ihren Vorstellungen läuft.

Psychologen der Persönlichkeitsforschung teilen die Ansicht, dass fast jeder Mensch nach Selbstverwirklichung strebt. Welche Betrachtungsweise ein Mensch von sich selbst hat, basiert jedoch im Wesentlichen darauf, welche Erfahrungen er in der Kindheit gemacht hat, die dann zu einer geringen oder hohen Selbstachtung führen.

Darauf aufbauend entwickeln diejenigen Personen dann ein Idealselbst- und ein Selbstbild, um daraus die eigene Persönlichkeit zu bewerten. Auch wenn man nicht seinem Idealselbstbild entspricht, ist die Selbstachtung grundsätzlich in Ordnung, solange man im Reinen mit sich ist.

Selbstachtung macht das Leben besser

Selbstachtung beziehungsweise ein positives Selbstbild ist nicht unbedingt selbstverständlich. Es gibt sehr viele psychologische, kulturelle und soziale Faktoren, die Einfluss nehmen auf die Entwicklung des Selbstbildes oder der Selbstachtung. Dabei ist Selbstachtung so von Bedeutung und sollte immer an erster Stelle stehen. Nur dann, wenn Sie sich selbst respektieren und annehmen, werden Sie langfristig glücklich werden.

Durch die Selbstachtung wird auch der Grundstein gelegt für eine echte Selbstsicherheit und Selbstliebe. Es lässt Sie im Alltag entspannter werden und wenn Sie grundsätzlich mit sich zufrieden sind, keine Selbstzweifel hegen, benötigen Sie auch weniger Bestätigung von Dritten. Sie müssen sich nicht mehr profilieren oder jemandem etwas beweisen. Stattdessen können Sie Ihr Bestes geben und sich so geben, wie Sie sind ohne sich darum zu sorgen, was Ihre Mitmenschen von Ihnen denken.

Darum ist Wertschätzung für einen selbst so bedeutsam

Eine Wertschätzung erfährt man nicht nur durch andere Menschen, sondern man kann auch lernen, sich selbst wertzuschätzen. Denn bringt man sich selbst Wertschätzung entgegen, respektieren einen auch die Mitmenschen und hat einen positiven Einfluss auf sein Umfeld. Eine wertschätzende Haltung sich selbst gegenüber meint auch, dass man seinen „Platz“ gefunden hat und sie gibt die erforderliche Sicherheit im Leben.

Eine solche innere Einstellung betrifft auch die weitere persönliche Entwicklung, die einen sowohl im privaten als auch im beruflichen Leben weiterbringt. Beziehungen zu anderen Menschen werden ebenfalls gestärkt. Ein weiterer positiver Aspekt ist der, dass die eigene Wertschätzung und ein daraus resultierendes gesundes Selbstbewusstsein gemeinsam einhergehen. Untersuchungen haben nämlich ergeben, dass diejenigen, die sich selbst so annehmen, wie sie sind und sich selbst lieben, offen und mutig genug sind, um Herausforderungen anzunehmen – ganz gleich ob es sich um private oder berufliche Herausforderungen handelt.

Mit guten Emotionen sich selbst gegenüber ist man innerlich offen für inspirierende Ideen und geht möglicherweise auch einmal ungewöhnliche Wege, die wiederum zu neuen Perspektiven führen. Diese positive innere Haltung trägt ebenfalls dazu bei, dass die Work-Life-Balance gestärkt wird.

Wer sich selbst akzeptiert, kann auch seine Mitmenschen wertschätzen

Ebenso wie für einen selbst ist es auch für die Familie, den Bekannten- und Freundeskreis und Arbeitskollegen bedeutsam, eine Anerkennung zu erfahren. Durch einen respektvollen Umgang mit Ihren Mitmenschen und dessen Annahme so wie sie sind, werden Sie gleichfalls Respekt erfahren. Ein schöner Nebeneffekt: Sie stärken das Selbstvertrauen dieser Menschen. Das gemeinsame Zusammenleben oder Arbeiten wird sich positiv entwickeln und letzten Endes profitieren alle gemeinsam davon.

Personen, die unter einem niedrigen Selbstwertgefühl leiden, neigen leider zu zwei Extremen: Einerseits übertragen sie ihr negatives Selbstbild und die Selbstzweifel auf Dritte und nehmen in Kauf, dass sie die Personen verletzen, die auch ein sehr enges Verhältnis zu ihnen haben. Andererseits kann es genau ins Gegenteil umschlagen, nämlich, dass sie nahestehende Menschen geradezu idealisieren. Sie vergleichen sich dann mit diesen Personen und es entsteht ein unrealistisches Selbstbild. Beide Extreme führen zu einer völlig verschobenen Wahrnehmung, in der sie sich nicht mehr frei entfalten können.

Emotionale Intelligenz – eine Definition

Was versteht man unter einer „emotionalen Intelligenz“?

Unter der emotionalen Intelligenz versteht man die Fähigkeit, eigene Emotionen und die der Mitmenschen zu erfassen, richtig zu deuten und daraus entsprechende Handlungen abzuleiten. Oftmals ist auch die Abkürzung „EQ“ zu finden. Die emotionale Intelligenz ist ähnlich der Kompetenz der Empathie, geht jedoch noch mehr in die Tiefe. Genauer gesagt ist die Empathie lediglich ein Teil der emotionalen Intelligenz. Ist eine Person emotional intelligent, kann sie die Gefühle ihres Gegenübers wahrnehmen, darüber hinaus allerdings auch adäquat darauf reagieren. Das bedeutet, die Empfindungen bei sich und den Mitmenschen zu verstehen und darauf einzugehen.

Bereits vor gut 100 Jahren war der Grundgedanke der emotionalen Intelligenz geboren und hat ihren Ursprung von dem US-Amerikaner Edward Lee Thorndike, der als Psychologe tätig war. Jedoch verwendete er die Bezeichnung „soziale Intelligenz“. Erst sehr viel später, nämlich im Jahre 1990, führten zwei andere amerikanische Psychologen den Begriff der „emotionalen Intelligenz“ ein. Eine hohe emotionale Intelligenz beschreibt auch die Fähigkeit, sich selbst zu motivieren und gut mit den eigenen Gefühlen umzugehen.

Sie drückt demnach auch eine besondere innere Stärke aus, die beispielsweise bei schweren Krisen und Schicksalsschlägen einen Menschen ausmacht. Emotionale Intelligenz beschreibt auch den Umgang mit sich selbst und mit anderen Personen. Dies ist ein herausragendes Merkmal. Im Grunde beschreibt die emotionale Intelligenz die Selbsterfahrung und das Selbstmanagement einerseits, andererseits die Befähigung und das Talent mit anderen Menschen umzugehen.

Emotionale Intelligenz lernen

Um die emotionale Intelligenz zu erlernen, sind ein paar Kompetenzen grundlegend von Bedeutung:

Selbstbewusstsein

Hier ist die realitätsnahe Einschätzung der eigenen Person gemeint. Im Prinzip das Verstehen und Erkennen der eigenen Emotionen, Motive, Ziele und Bedürfnisse. Jedoch auch die Erkenntnis über die eigenen Stärken und Schwächen. Dabei dreht es sich darum, sich selbst so gut zu kennen und zu wissen, wie man in gewissen Situationen reagiert. Man kann einschätzen, was man noch benötigt und an welchen Bereichen man an sich noch arbeiten muss.

Selbstmanagement und -steuerung

Das Selbstmanagement beschreibt die Fähigkeit, die eigene Stimmung und die Gefühle durch ein inneres „Zwiegespräch" zu beeinflussen und zu steuern. Mit dieser Gabe ist man den eigenen Empfindungen nicht mehr machtlos ausgeliefert, sondern man kann konstruktiv Einfluss auf sie nehmen.

> **Beispiel:** Jemand ist innerlich aufgewühlt und richtig wütend, dann kann er durch einen inneren Dialog sich selbst wieder beruhigen und kann dann angemessen reagieren.

Motivation

Die Eigenmotivation bedeutet auch, immer wieder eine gewisse Leistungsbereitschaft und Begeisterungsfähigkeit aus seinem Inneren heraus zu entwickeln. Diese Fähigkeit ist vor allem in Phasen hilfreich, in denen etwas schwierig zu werden droht oder wenn Dinge schlechter laufen als man es in der Vorstellung geplant hatte. Menschen, die sich immer wieder selbst motivieren können, sind dazu in der Lage, erneut Kraft zu tanken, um weiterzumachen. Ferner verfügen Sie zudem über eine hohe Frustrationstoleranz, also jenem Vermögen, Misserfolge gut auszuhalten und dennoch fortzufahren.

Empathie

Empathie bedeutet – wie bereits beschrieben – Einfühlungsvermögen. Damit ist die Fähigkeit gemeint, sich in die Perspektive und Gefühle von Mitmenschen hineinzuversetzen und adäquat darauf reagieren zu können. Hierbei geht es auch darum andere Personen zu akzeptieren und zu respektieren. Wobei akzeptieren nicht unbedingt bedeutet, dass man alles gutheißen muss. Empathie bedeutet auch, den Menschen Verständnis entgegenzubringen für ihr Tun und Denken.

Soziale Kompetenz

Die soziale Kompetenz beinhaltet die Fähigkeit, Beziehungen und Kontakte zu anderen Personen zu knüpfen und derartige Beziehungen auch über eine lange Zeit aufrechtzuerhalten. Auch ist ein gutes Konflikt- und Beziehungsmanagement gemeint, verbunden mit bestimmten Führungsqualitäten beziehungsweise einem Vermögen, intakte Teams zu bilden und anzuleiten.

Dass sich emotionale Intelligenz lernen lässt, kann ganz klar mit JA beantwortet werden. Doch ein kleines Talent hierfür ist den Menschen auch schon in die Wiege gelegt worden. Andere benötigte Eigenschaften lassen sich jedoch noch erlernen, wie zum Beispiel ein besseres Selbstbewusstsein oder seine Gefühle zu managen. Hauptsächlich die Selbstreflexion und die Selbstwahrnehmung spielen dabei eine ausschlaggebende Rolle – vor allem bei der eigenen Gefühlsregulierung. Damit man seine Emotionen wahrnehmen, verstehen und steuern kann, gibt es drei unterstützende Methoden:

Achtsamkeit üben

Ursprünglich handelt es sich hierbei um eine Bezeichnung aus dem Buddhismus. Fachleute beschreiben Achtsamkeit heutzutage jedoch auch als eine „intensive Aufmerksamkeit“. Diese sollte möglichst auf die Gegenwart ausgerichtet sein.

Monologe führen

Monologe sind ein gutes Ventil. Negative Emotionen wie Frust, Wut oder Trauer frisst man nicht so schnell in sich hinein, denn diese Gefühle und unklare Gedankengänge werden bei einem Monolog in Worte gefasst. Durch ein Selbstgespräch werden sie sortiert und man hat es leichter, eine Entscheidung zu fällen. Wissenschaftler konnten zudem beweisen, dass ein Monolog den Stress mit dem ICH abbauen kann. Aggressionen werden minimiert und man hat den Blick wieder frei für andere Dinge.

Emotionen akzeptieren

Ein Großteil der Menschen hat den Hang dazu, jegliche Gefühle nach Möglichkeit zu verdrängen oder sich nur in einem minimalen Rahmen damit zu befassen. Allerdings führt dies im Resultat dazu, dass logischerweise auch keine emotionale Intelligenz entwickelt werden kann. Für einen signifikanten EQ muss man sich auf seine Gefühle einlassen und diese auch zu verstehen lernen. Dies bezieht sich doch nicht nur auf die eigenen Emotionen, sondern auch auf die Gefühle der Mitmenschen. Bedenken Sie, dass Sie nur emotionale Intelligenz lernen können, wenn Sie sich auch darauf einlassen, Ihre Gefühle und die der anderen zu akzeptieren und diese auch hinterfragen.

Nachteile der emotionalen Intelligenz

Emotionale Intelligenz genießt immer mehr Anerkennung und somit auch einen guten Ruf. Sie trägt dazu bei, dass das Verständnis füreinander besser wird, das Selbstbewusstsein steigt oder auch die Atmosphäre im beruflichen Umfeld freundlicher ist. Leider gibt es auch eine Kehrseite der Medaille, nämlich dann, wenn die emotionale Intelligenz dazu missbraucht wird, um andere Personen zu manipulieren. Es ist kaum zu glauben, aber es kommt häufiger vor, als man denkt.

Zahlreiche Ergebnisse aus Studien belegen, dass es ein Zusammenhang gibt zwischen „eine Person verstehen“ und „eine Person ausnutzen“. Das bedeutet, dass so mancher Mensch, der sich seiner emotionalen Intelligenz durchaus bewusst ist, das Wissen um die Gefühle anderer für sich ausnutzt. Doch es ist auch Vorsicht geboten, denn nicht jeder freundliche Nachbar hat auch eine böse Absicht. Im Grunde ist es auch schon ausreichend, sich die Beweggründe hinter der Freundlichkeit zu vergegenwärtigen, um so zu verhindern, dass man zu schnell zum Opfer wird.

Im Folgenden sind einmal die negativen Seiten der emotionalen Intelligenz aufgeführt:

<u>Emotionale Intelligenz kann egozentrisch machen</u>

Im Jahre 2010 haben Untersuchungen ergeben, dass emotionale Intelligenz im beruflichen Alltag nicht ausschließlich eingesetzt wird, damit ein besseres Arbeitsklima herrscht. Einige Arbeitskollegen benutzten ihren EQ des Öfteren für besondere Karrierezwecke. Sie wollten sich zum Beispiel bei wichtigen Vorgesetzten beliebter machen, um ihre Konkurrenten auszubooten oder auch, um Meinungen und Gefühle unter den Kollegen nach ihren Vorstellungen zu beeinflussen.

Emotionale Intelligenz kann die Rücksichtslosigkeit erhöhen

Eine sehr unschöne Mischung ist die Zusammenstellung aus emotionaler Intelligenz und der „Gabe", seine Mitmenschen zu manipulieren. Fachleute sind sich einig, dass eine derartige Kombination vor allem gegenüber der Gefühlswelt anderer Personen sehr rücksichtslos sein kann. In realen Beispielen gingen die betroffenen Personen mit einem hohen EQ so weit, dass sie Dritte in der Öffentlichkeit blamierten, damit sie selbst in einen besseren Fokus rückten. Sie sahen sich so in der Lage, ihre Ziele schneller verfolgen zu können.

Emotionale Intelligenz kann das Ausnutzen vorantreiben

Ein gleichermaßen ernstes Ergebnis zeigte eine Studie aus dem Jahr 2014. Diese belegte, dass emotionale Intelligenz auch von Personen genutzt wird, um ihre Mitmenschen regelrecht auszunutzen. Nur wer die Gedankengänge und

Emotionen seines Gegenübers deuten und verstehen kann, kann denjenigen dazu bringen, im eigenen Interesse zu agieren. Und genau diesen Zweck erfüllt der hohe EQ, da er es möglich macht, böswillige Gedankengänge auch in die Tat umzusetzen.

Emotionale Intelligenz fördert den Narzissmus

Narzisstische Personen können für ihre Mitmenschen und Kollegen schnell zur Belastung werden. Wissenschaftler fanden durch Untersuchungen heraus, dass es besonders auffällige Zusammenhänge zwischen emotionaler Intelligenz und Narzissmus gab beziehungsweise immer noch gibt. Die Problematik, die dahintersteckt, ist die, dass narzisstisch veranlagte Personen ihre Fähigkeiten für eigene Zwecke missbrauchten und andere Personen so anlogen.

Emotionsregulation – was ist das und warum ist das so wichtig?

Die Menschen werden in ihrem Verhalten und Befinden teilweise sehr stark von ihren Emotionen geleitet. Diese Emotionen und deren Einfluss den sie haben, beeinflussen die physische und psychische Gesundheit. Die Bezeichnung „Emotionsregulation" bezieht sich auf den Umgang mit den Gefühlen. Beispielsweise wird hinterfragt, wie es einem gelingen kann, mit nicht erwünschten Zuständen umzugehen oder wie können negative Gefühle reduziert werden. Auch die Emotionen so auszudrücken und in den Griff zu bekommen, dass sie den längerfristigen Zielen entsprechen.

Eine effiziente und unterstützende Emotionsregulation hat zur Folge, dass die negativen Auswirkungen der Gefühle gering und die Bedürfnisse sowie Wünsche nicht blockiert werden. Führen allerdings negative Emotionen dazu, dass die eigenen Ziele und Bedürfnisse in weite Ferne rücken, da unerwünschte Zustände von einem nicht bewältigt werden können, lauert die Gefahr, dass eine psychische Krise entsteht.

Dabei sind langanhaltendes Grübeln, ein zwanghaftes Konzentrieren auf Details sowie auch die Vermeidung von Abwehrmechanismen schlechte Ratgeber. Auch aggressives und aufbrausendes Verhalten sind in der Regel kontraproduktiv. Bei der Entwicklung von psychischer Störungen kann die gestörte Emotionsregulation auch im Zusammenhang gesehen werden.

So zeigen Personen, die an einer Angststörung oder Depressionen leiden, oftmals Defizite bei der Fähigkeit, Probleme zu lösen beziehungsweise sie sind nicht oder nur schwer in der Lage, bestimmte Zustände anzunehmen. Wenn Gefühle mit ihrer Intensität einmal nicht zu einer Situation passen, kann das unter Umständen an persönlichen Mustern liegen, die man irgendwann einmal gelernt hat. Stellen Sie sich beispielsweise vor, Sie wurden als Schulkind im Sportunterricht gehänselt. Aus Angst vor den anderen Mitschülern haben Sie den Unterricht daher öfter mal „ausfallen" lassen. Mittlerweile ist die Schulzeit schon ein paar Jahre vorbei und Sie sind erwachsen, doch im Büro bekommen Sie immer wieder mal blöde Sprüche zu hören.

Sie bemerken jedes Mal, wie sich Ihr Magen zusammenzieht und die Angst Sie in Ihre Vergangenheit zurückversetzt. Sie möchte am liebsten zu Hause bleiben. In diesem Beispiel wurde in Ihnen ein altbekanntes Muster – emotional berührt – aktiviert und die Erfahrungen aus der Vergangenheit haben sie eingeholt. In der fiktiven Situation wäre es natürlich sinnvoller, diesen Emotionen nicht nachzugeben und den Kollegen durch schlagfertige Antworten zu kontern.

In manchen Fällen ist eine Emotion und der sich daraus entwickelnde Handlungsimpuls daher nicht förderlich, weil sie die Erreichung der Bedürfnisse und Ziele nicht unterstützen. Wenn Sie sich zum Beispiel von Ihrem Vorgesetzten nicht gerecht behandelt fühlen und Sie ihn am liebsten anschreien möchten, wäre das für Ihre längerfristigen Ziele (Beförderung) nicht sonderlich hilfreich.

Emotionsregulation richtig lernen

Bei Gefühlen handelt es sich um wichtige Wegweiser, die sinnvoll sind und das Leben beeinflussen. Sie können einen mit ihrer „Wucht“ hin und wieder nahezu überrollen oder einem in bestimmten Situationen im Weg stehen. Wann macht es also Sinn, ihnen nachzugeben und wann besser nicht?

Um zu lernen, wie die Gefühle reguliert werden können, sind im Folgenden einmal drei Schritte aufgezeigt:

1. Die Gefühle annehmen

Ein erster und bedeutsamer Schritt bei der Emotionsregulation ist der, dass die Gefühle erkannt und angenommen werden. Das gilt nicht nur für die guten, sondern auch für die nicht so schönen Gefühle. Denn auch diese sind hilfreich und haben ihre Daseinsberechtigung – sie gehören einfach dazu. Ratsam ist es, herauszufinden, welche Emotion einen gerade überwältigt: Wut, Angst oder Enttäuschung? Nun sollte man hingehen und diese Emotion annehmen, indem man sich innerlich sagt: „Ich verspüre Enttäuschung – doch das ist in Ordnung.“

2. Einen Schritt zurückgehen

Beim zweiten Schritt der Emotionsregulation-Strategie rückt die Erkenntnis in den Vordergrund. Diese stellt fest, dass die Emotionen zwar da sind, jedoch die betroffene Person nicht diese Gefühle sind.

Beispiel: „Ich bin nicht meine Wut. Ich habe Wut und kann darüber entscheiden, wie ich mit ihr umgehe."

Durch das „innerliche" einen Schritt zurückgehen und Abstand nehmen, wird neuer Handlungsspielraum erschaffen. Dies kann bei der Emotionsregulation nützlich sein, den eigenen Gefühlen nicht so ausgeliefert gegenüberzustehen.

3. Den Handlungsspielraum auch nutzen

Durch die beiden ersten Schritte hat man nun die Möglichkeit, in dem jetzt dritten Schritt einen Entschluss zu fassen, wie man auf die Emotion reagieren möchte. Man kann sich entscheiden, inwieweit man sich auf das Gefühl einlässt, mit ihm handelt oder es sinnvoll ist, diese Emotion abzuschwächen. Es besteht also immer ein gewisser Raum, der Freiraum lässt für bevorzugte Handlungen.

Emotionsregulation benötigt ein wenig Übung

Womöglich denken Sie jetzt insgeheim: Wie soll das denn gehen? Emotionen und die Reaktionen darauf sind oftmals so schnell, dass kaum Zeit bleibt, sich mit Abwägungen zu befassen. Das Regulieren der Gefühle braucht Übung und es bedeutet keinesfalls, dass die vorgenannten drei Phasen auf Anhieb gelingen. Von Bedeutung ist es, dass man sich zunächst auf den Weg macht und die eigenen Emotionen besser kennenlernt. Allein die erste Phase – das Gefühl zu erkennen und anzunehmen, ohne darauf zu reagieren, ist schon ein richtiger Schritt in Richtung Emotionsregulation.

Sie können sich ebenfalls angewöhnen, besonders gefühlsbetonte Situationen rückblickend noch einmal ins Gedächtnis zu rufen und zu überlegen, inwieweit Ihr Gefühl in diesen Momenten hilfreich war oder doch weniger nützlich. Diese nachträgliche Betrachtung hilft Ihnen, in zukünftigen Situationen eine andere Reaktion zu zeigen. Seien Sie geduldig mit sich selbst und üben Sie bei jeder sich bietenden Gelegenheit ein wenig - am besten gelingt dies vor allem in einem entspannten Zustand.

Innere Blockaden lösen

Mindset neu programmieren und Ängste sowie auch Blockaden lösen

Es gibt solche Momente, in denen man lieber den einen Weg ausschlägt und lieber die Richtung des Rückzugs einschlägt, weil in einem selbst so viele Ängste und Zweifel laut werden, dass man meint, es kann einfach alles nur schiefgehen. In diesen Augenblicken kommen innere Blockaden hoch, die einen großen Einfluss haben auf das Fühlen und Denken in kleineren Alltagsentscheidungen aber auch bei bedeutsamen Lebensentscheidungen. Sie engen einen ein, in allem was herausfordernd und neu ist. Die Angst regiert dann das Leben. Daher ist es so wichtig, dass diese inneren Blockaden gelöst werden.

Innere Blockaden

Unter „inneren Blockaden" versteht man im psychologischen Sinne innere Hürden, die die Grundlage sind für Ängste und Selbstzweifel. Sie halten eine Person davon ab, sich einer bestimmten Situation oder einem Thema zu stellen. Derartige gefühlsmäßigen und geistigen Blockaden lösen bei einer Konfrontation negative Gefühle aus, wie zum Beispiel Angst oder Nervosität.

In der Regel machen diese Emotionen sich auch körperlich bemerkbar. Innere Blockaden lassen Versagensängste, Vermeidung, Blackouts oder sogar Selbstsabotage zu, die einen fernhalten von bestimmten Themen, die angstbesetzt sind. Oftmals beherbergt das Unterbewusstsein solche inneren Blockaden und erst durch eine Selbstreflektion kann es gelingen, sich dieser Blockaden bewusst zu werden.

Solche inneren Hemmnisse können ihren Ursprung auch in verdrängten Erfahrungen und Gefühlen haben. Erleidet man einen Schicksalsschlag, wie zum Beispiel den Verlust eines nahestehenden Menschen, ist es durchaus möglich, dass der aufkommende Schmerz so stark ist, dass das Unterbewusstsein eine Schutzmauer aufbaut. Die daraus resultierenden traumatischen Erfahrungen und die damit einhergehenden Emotionen werden dann verdrängt.

Die dann nicht folgende Aufarbeitung des Erlebten hat jedoch zur Folge, dass es unterbewusst zu einer enormen seelischen Belastung kommt. Diese Verlusterlebnisse – hierzu gehören auch Trennung oder Scheidung von Eltern oder dem Partner – führen meistens dazu, dass man Bindungsängste entwickelt. Bei solch schrecklichen Erfahrungen kann es durchaus sinnvoll und hilfreich sein, dass professionelle Hilfe – beispielsweise eine Psychotherapie – in Anspruch genommen wird. Eine eigenständige Auseinandersetzung mit solchen Erfahrungen können eine Person überfordern und aus der Balance bringen.

Auswirkungen auf das Selbstwertgefühl

Das „Davonlaufen“ vor Situationen, die angsteinflößend sind, sorgen dafür, dass Sie sich nur noch hilf- und nutzloser fühlen. Auf diese Weise nimmt Ihr Selbstwertgefühl, Ihr Selbstvertrauen und Ihre Befähigung zur Selbstliebe längerfristig Schaden. Ihre inneren Blockaden verfestigen sich nur noch mehr. Die inneren Hemmnisse rauben Ihnen den Mut, Ihre Träume und Lebensziele auch weiterhin zu verfolgen. Unter diesen Umständen können Sie Ihre Persönlichkeit nicht frei entfalten.

Blockaden auflösen

Die Selbstreflektion

Als erstes müssen Sie Ihre inneren Blockaden erkennen lernen. Denken Sie an Situationen, die Sie als sehr problematisch oder herausfordernd empfunden haben und an die Emotionen, die Angst oder Unbehagen in Ihnen ausgelöst haben.

Fragen Sie sich einmal, welche negativen Gefühle und Gedanken Sie in diesem Zusammenhang in einer bestimmten Situation hatten und schreiben Sie sie auf. Meistens befinden sich in solchen Emotionen und Gedanken schädliche Glaubenssätze, Ängste und Selbstzweifel. Glaubenssätze wie

- Ich kann nichts
- Ich bin nicht gut genug
- Ich bin nicht beziehungsfähig

sollten Sie herausfiltern. Überprüfen Sie, inwieweit sich derartige Verhaltensmuster oder Gedanken wiederholen beziehungsweise in welchem Bezug sie vermehrt auftreten. So können Sie Ihre inneren Blockaden aufspüren.

Mit anderen reden

Reden Sie mit vertrauten Personen über Ihre Ängste und inneren Blockaden. Sie werden sicherlich schnell erkennen, dass Sie nicht alleine sind und auch andere Menschen davon betroffen sind. Durch den Austausch können Sie sich gegenseitig helfen. Gespräche innerhalb der Familie oder mit Freunden können darüber hinaus auch dabei behilflich sein, die Blockaden noch genauer zu beschreiben. Denn beim Ansprechen dieser Hemmnisse entwickeln sich oftmals auch neue Gedanken und Erkenntnisse entstehen, die Ihnen vielleicht vorab nicht bewusst waren.

Tagebuch führen

Ein Tagebuch zu führen ist wahrlich ein optimales Hilfsmittel. Dadurch können Erlebtes und Gefühle verarbeitet werden, eine neue Selbsterkenntnis gewonnen, sich Mut zugesprochen werden oder sich ganz neue Perspektiven auftun. Die Gedanken entwickeln sich beim Schreiben weiter. Das Schreiben kann beim Herausfiltern seelischer Blockaden behilflich sein und Lösungswege aufzeigen. Ferner dient es als Ventil für Ihre Emotionen.

An etwas Anderes denken

Von Bedeutung ist, dass Sie sich nicht andauernd und bewusst mit Ihren Blockaden beschäftigen. Meistens hilft es bereits, einfach mal den Kopf „auszuschalten“, zu relaxen, etwas Schönes zu unternehmen oder sich mit Freunden zu treffen. Mit einer gehobenen Laune steigt auch wieder das Selbstbewusstsein und durch den Abstand auf problematische Situationen verändert sich auch die Sicht auf die Dinge. Auch dies ist eine indirekte Option, innere Blockaden zu lösen.

Negative Verhaltensmuster aufbrechen

Denken Sie erneut an Situationen, in denen Ihre innerlichen Blockaden Sie einengen, zu unschönen Gefühlen oder Vermeidungsstrategien führen. Sollten diese Hemmnisse abgelegt werden können, was würde sich für Sie verändern? In diesem Fall kann es bedeutsam sein, auf die Ziele und Träume zu blicken. Vielleicht wünschen Sie sich einen neuen Job, trauen sich ihn aber nicht zu, da Sie unter Versagensängsten leiden? Schreiben Sie diese Ziele und Träume nieder und gleich daneben die inneren Blockaden. Reflektieren und überlegen Sie, welche Einflüsse sie ausüben.

Mindset neu programmieren

Kaum etwas nimmt so viel Einfluss auf das Leben wie das Mindset, also die eigene Denkweise. Aufgrund einer positiven Denkweise hat man mehr Selbstbewusstsein und eine höhere Motivation. Durch ein positives Mindset geht man besser mit Rückschlägen um und die gesteckten Ziele werden schneller erreicht.

Das Mindset besteht im Grunde genommen aus den Gedanken, die mittels der gemachten Erfahrungen tief in das Unterbewusstsein gewandert sind. Hierbei stellt sich natürlich auch die Frage, inwieweit es sich um positive Gedankengänge handelt und ob sie sich bejahend auf das Leben auswirken. Oder sind es überwiegend negative Gedankengänge, die eine Person dadurch behindern ein glückliches Leben zu führen?

Die eigene Denkweise beschreibt auch die innere Haltung, die Lebensphilosophie und die Weltanschauung. Das Mindset hat demgemäß enormen Einfluss darauf, wie man die Welt sieht und erlebt und mit ihr interagiert. Gleichermaßen wirkt die Denkweise auf die Handlungen und Gefühle in bestimmten Situationen. Geprägt sind in diesem Zusammenhang auch Reaktionen durch einen Erfahrungsschatz, den man in der Vergangenheit gesammelt hat.

Fixed Mindset und Growth Mindset

Personen mit einem Fixed Mindset sind überzeugt davon, dass ihre Begabungen festgeschrieben und vorbestimmt sind. Das Fixed Mindset kann auch mit einer feststehenden Denkweise übersetzt werden.

Demgegenüber sind sich Personen mit einem Growth Mindset sicher, dass sie sich in fast allen Bereichen verbessern und weiterentwickeln können und müssen. Ein Growth Mindset wird demnach als „dynamisches“ Mindset verstanden, das für eine ständige Bereicherung steht. Zwischen den beiden Selbstbildern ist ein deutlicher Unterschied zu erkennen. Anhand dieser beiden Grundtheorien kann man erkennen, wie eine Person lernt und wie motiviert sie ist.

Im Folgenden sind einige Gedanken beziehungsweise Affirmationen aufgeführt, die ein Growth Mindset und ein Fixed Mindset betreffen.

Growth Mindset:

Menschen, die danach leben, nehmen Herausforderungen an und ziehen aus einem Scheitern positive Rückschlüsse.

- Ich kann alles erlernen, was ich möchte.
- Bin ich niedergeschlagen und enttäuscht, gebe ich nicht auf.
- Jede Herausforderung nehme ich an.

- Durch ein Scheitern lerne ich.
- Um Erfolg zu haben, strenge ich mich an.
- Meine Einstellungen bringen mich weiter.

Fixed Mindset:

Ein Fixed Mindset trägt dazu bei, dass man Angst vor Schwierigkeiten oder einem Scheitern hat.

- Entweder bin ich gut in einer Sache oder halt nicht.
- Bin ich niedergeschlagen und enttäuscht, mache ich nicht weiter.
- Herausforderungen sind nichts für mich.
- Wenn ich scheitere, bin ich auch nicht gut.
- Mich anzustrengen bedeutet, dass ich kein Talent habe.
- Nur mein (nicht)vorhandenes Talent bestimmt alles.

Die Selbstwirksamkeit steigern – 10 Tipps

1. Wichtig ist zunächst einmal, dass Sie an sich selbst glauben. Wenn Ihnen das nicht leichtfällt, schreiben Sie sich positive Affirmationen in ein Heft. Schauen Sie jeden Tag hinein und spüren Sie, was Sie dabei fühlen. Fragen Sie sich darüber hinaus, woher sowohl die negativen als auch positiven Denkmuster herstammen. Anschließend ist es eine Aufgabe für Sie, diese Blockaden zu bearbeiten und in aufbauende Gedanken zu verändern.

2. Umgeben Sie sich mit den richtigen Personen. Suchen Sie nach Menschen, die eine positive Grundstimmung haben und erfolgreich in ihrem Leben sind. Das beeinflusst auch Ihr eigenes Handeln, Ihre Gedankengänge und Ihre Ausrichtung in hohem Maße.

3. Selbstreflektion ist von Bedeutung und Sie sollten sich von Zeit zu Zeit immer mal wieder hinterfragen.

4. Viel zu oft fehlt einem der Mut, einen Schritt in eine andere Richtung zu gehen und Veränderungen zuzulassen. Möglicherweise steht auch die Angst dahinter, zu scheitern. Doch nehmen Sie die Angst an und gehen Sie den ersten Schritt.

5. Auch die Dankbarkeit ist nicht zu unterschätzen. Lassen Sie es zu Ihrem Ritual werden und schreiben Sie sich jeden Abend mehrere Dinge auf, für die Sie an

dem Tag dankbar waren. Dadurch werden positive Energien in einem selbst freigesetzt.

6. Welche Werte sind Ihnen wichtig und für welche leben Sie schon? Visualisieren Sie diese Werte. Vielleicht ist es die Leichtigkeit? Dann notieren Sie sich alles Aspekte und verbinden Sie sie in Bildern – Visualisieren bringt wahre Wunder hervor.

7. Sehen Sie Anstrengungen nicht als ein lästiges „MUSS“, sondern erkennen Sie darin auch Chancen. Seien Sie offen für neue Erfahrungen – vielleicht auch, dass Ihr Vorgesetzter sieht, mit welchem Eifer Sie bei der Sache sind und Ihr Einsatz wird wertgeschätzt.

8. Auch zu akzeptieren, dass etwas einmal nicht so funktioniert wie Sie es sich vorstellen, gehört zum Leben dazu. Daher ist man noch lange nicht gescheitert. Akzeptieren Sie die Situation so wie sie ist. Vertrauen Sie auch mal darauf, dass das Leben eine schöne Überraschung für Sie in petto hat.

9. Verlieren Sie sich nicht in Kleinigkeiten, sondern fokussieren Sie sich lieber auf eine Sache. Was bringt Sie wirklich an Ihr Ziel? Fokussieren Sie sich voll und ganz darauf.

10. Verantwortung zu übernehmen stärkt auch Ihr Selbstbewusstsein. Sie sammeln neue Erfahrungen und fühlen sich bestärkt in dem, was Sie machen.

Positive Glaubenssätze entstehen lassen

Um sein Mindset in eine andere Richtung „umzupolen", ist es sehr von Bedeutung, die negativen Glaubenssätze auf den Prüfstand zu stellen. Ist es wahr, dass negative Glaubenssätze tatsächlich ständig und auf sämtliche Situationen zutreffen? Es ist nicht immer richtig, dass derartige Glaubenssätze zutreffen - schon gar nicht generell. Dies belegen schon Erfolgserlebnisse, die ein Mensch gemacht hat. Doch wodurch entstehen solche negativen Gedanken? Sind es wirklich auch die eigenen oder sind es eher die von Bekannten, Freunden oder Arbeitskollegen, die man im Grunde nur annimmt? Durch solche Fragestellungen kann man sich auch bewusst von negativen Glaubenssätzen ablösen und sie durch positive ersetzen.

Beispiele:

- Ich mache Dinge, die mir wichtig sind und die erfolgversprechend sind.
- Meine Hilfe wird geschätzt und ich mache das gerne.
- Durch meine Kreativität kann ich andere Menschen inspirieren.

Lassen Sie die positiven Glaubenssätze überwiegen und ändern Sie Ihre Denkweise – jetzt!

Von Stress und Belastungen befreien – körperliche Beschwerden auflösen

Stress und Leistungsdruck sind Auslöser, die sich auch in körperlichen Beschwerden widerspiegeln. Fast alle Menschen denken, dass Stress schlecht ist und dieser nach Möglichkeit vermieden werden sollte. Zunächst einmal sei erklärt, dass Stress auch durchaus gut sein kann und er eine normale Reaktion auf eine bestimmte Situation ist.

Zum Problem wird Stress, wenn es sich um einen Dauerzustand handelt und sich keine ausgleichenden Erholungsphasen einstellen. Vorkommnisse, die den Körper in eine erhöhte Reaktionsbereitschaft versetzen, nennt man auch Stressoren. Sie können von außen einwirken oder auch aus einem selbst heraus. Diejenigen Menschen, die ihre persönlichen Stressoren kennen, können sie auch leichter Händeln. Der eine lässt sich eher leicht stressen, der andere wiederum weitaus weniger.

Erst dann, wenn man eine innere oder äußere Forderung als überfordernd, unangenehm, bedrohlich oder nicht kontrollierbar ansieht, löst diese Anforderung Stress aus. Doch fast täglich hat jeder seine persönlichen Stressoren, wie beispielsweise eine bevorstehende Klassenarbeit bei Schulkindern, die anstehende Klausur bei Studierenden oder das schon terminierte Gespräch beim Vorgesetzten. Auch ein kritischer Verlauf in der Vita, also bedeutsame Veränderungen, können Stress auslösen.

Solche Veränderungen können sein: Pubertät, Menopause, Rentenalter oder sonst ein wichtiger Tag. Jedoch gibt es darüber hinaus noch einiges mehr, was in einem Alltag zu Stress führen kann.

Welche verschiedenen Stressauslöser gibt es?

Äußere Stressoren: Hierbei handelt es sich in der Regel um Situationen, die im Alltag als ärgerlich und nicht schön wahrgenommen werden. Das kann sein: Verkehrsstau, großer Lärm, lange Wartezeiten, Schulden, Kritik, Schmerzen und Krankheiten.

Innere Stressoren: Diese Art von Stress hat ihren Ursprung schon in der Erziehung. Dabei wird das Bewusstsein für eine Person oder Situation als Stressauslöser begünstigt, wie etwa erhöhte Erwartungen und Ansprüche, nicht erfüllte Sehnsüchte oder Perfektionismus.

Psychische Stressoren: Hierzu gehören vor allem psychische Belastungen, wie zum Beispiel Unter- oder Überforderung, nicht definierte Ziele, Leistungs- und Zeitdruck oder auch Konkurrenzkampf.

Soziale Stressoren: Hierunter versteht man psychosoziale Spannungszustände, die wahrgenommen werden. Ein schlechtes Betriebsklima, Mobbing unter Kollegen, ein separiertes Arbeiten oder nur schwer hinnehmbare Arbeitszeiten.

Den Menschen bleibt immer weniger Zeit für Ausgleich und Erholung, dafür nimmt die Arbeitsbelastung stetig zu – ein weiterer Stressfaktor. Die Aufgaben im beruflichen Alltag nehmen zu, doch in den meisten Fällen ist die Zeit für die Bearbeitung zu knapp. Gleichfalls steigen die Anforderungen und der fortwährende Leistungs- und Termindruck lassen den Stresspegel ansteigen.

Auch eine nicht angemessene Bezahlung oder wenig Anerkennung von den Vorgesetzten sind Stressoren. Unregelmäßige Arbeitszeiten oder Schichtarbeit, die negativ auf den Schlafrhythmus wirken, sind nicht gerade förderlich. Es reicht schon aus, dass die Arbeitsumgebung nicht gut ist, beispielsweise wenn es eine hohe Lärmbelästigung gibt, um Stress auszulösen.

Selbst der Arbeitsweg kann zu einer stressigen Tortur werden, nämlich dann, wenn Pendler weite Strecken zurücklegen müssen und mit langen Staus oder Zugausfällen einhergehen. Weitere Stressoren in der Arbeitswelt sind unter anderem Arbeiten im Homeoffice oder langandauernde Webkonferenzen.

Vor allem ältere Personen fühlen sich häufig überfordert mit den modernen Möglichkeiten der Technik. Darüber hinaus hat doch der ein oder andere mit der Einsamkeit im Homeoffice zu kämpfen oder mit der Tatsache, dass man den ganzen Tag über mit der Familie zusammen ist. Denn auch nicht vorhandene Rückzugsmöglichkeiten oder zu viel Nähe können Stress hervorrufen.

Konflikte können bei allen Beteiligten Stress auslösen

Wer Kinder hat kennt das: Man möchte Arbeitgeber aber auch der Familie gerecht werden, eilt zwischen Computer und Kita oder Schule hin und her. Eine Zwistigkeit mit den Kindern, dem Partner oder unter Freunden macht mitunter den größten Teil des alltäglichen Stresses aus. Denn zwischenmenschliche Streitigkeiten haben oftmals einen enormen Einfluss auf die eigene Stimmung.

Daher ist eine wichtige Voraussetzung, um Konflikte nicht mehr als Stressauslöser anzusehen, dass sie gelöst werden müssen. Kinder und Jugendliche leiden im Familienleben vor allem unter streitenden Eltern oder einer Trennung/Scheidung ihrer Eltern. Daher ist es auch bedeutsam, dass Eltern Rücksicht nehmen und darauf achten, bei Streitigkeiten möglichst „sachlich" zu bleiben und kein böses Wort über den Partner gegenüber den Kindern zu verlieren. Auch unterschwellige Konflikte verursachen bei Kindern Stress. Filtern Sie Ihre persönlichen Stressfaktoren heraus. Dann haben Sie die Möglichkeit, aktiv zu werden und eine eigene Bewältigungsstrategie zu entwickeln.

Die Balance wiederfinden

Ist die „Gefahr" wieder vorbei, entspannt sich auch der Körper wieder und kehrt in seine alte Balance wieder zurück. Diese Phase der Erholung ist wichtig. Leider sind heutzutage viel zu viele Menschen in einer ständigen Anspannung. Stets erreichbar zu sein, teils zu hohe Arbeitsanforderungen oder der ständige Balanceakt zwischen Familie und Karriere machen es so schwer. Die Stresshormone sind dauerhaft auf einem hohen Level und die Menschen leiden unter einem chronischen Stresszustand, der psychische und physische Krankheiten hervorrufen kann. Allerdings gibt es auch eine gute Nachricht: Man kann lernen, mit Stress richtig umzugehen beziehungsweise ihn erst gar nicht an sich ranzulassen. Ebenfalls ist ein gutes Gleichgewicht zwischen Anspannung und Entspannung sehr von Bedeutung.

Das eigene Gedankenchaos ordnen

Wenn sich im Kopf das Gedankenkarussell dreht, ist es nicht leicht, Struktur in den Alltag zu bringen, selbst einfache Aufgaben zu erledigen. Dabei können Sie einiges gegen das Gedankenchaos unternehmen, um wieder Klarheit in den Kopf zu bekommen und sich auf andere wichtige Aufgaben konzentrieren. Wenn in Ihrer Wohnung „Chaos" herrscht, beginnen Sie doch auch aufzuräumen, das Gleiche machen Sie mit Ihrem Kopf. Der Unterschied besteht darin, dass Sie die Unordnung in der Wohnung sehen können, doch im Kopf ist das Chaos leider nicht so einfach greifbar. Auf den ersten Blick ist es kaum sichtbar, allerdings funktioniert das Aufräumen des Chaos nur dann, sofern Sie diese auch als solches erkennen.

Es ist ratsam sich dann ein Blatt zu nehmen und die wirren Gedanken aufzuschreiben. Dabei haben Sie freie Gestaltungsmöglichkeiten, zum Beispiel können Sie sie ähnlich wie in einem Tagebuch niederschreiben oder sie kreieren eine bunte Mindmap. Nachdem Sie sich für eine Form entschieden haben, gehen Sie im nächsten Schritt hin und überlegen, welche Punkte, die Sie beschäftigen, ein Problem darstellen. Welche möglichen Lösungswege gibt es dafür? Ordnen Sie das Gedankenchaos, indem Sie für diese Aspekte durch das Erstellen einer To-Do-Liste eine Abhilfe schaffen. Natürlich gibt es auch für manche Probleme dem ersten Anschein nach keine Lösung, doch oftmals hilft es, diese unangenehmen und störenden Gedanken zu notieren.

Führen Sie sich klar vor Augen, dass Sie in diesem Augenblick nichts dagegen machen können. Diese Betrachtungsweise hilft auch dabei loszulassen. Durch das Aufschreiben ist dieser Gedanke „abgehakt".

Den Kopf frei bekommen

Den Kopf freibekommen ist nicht immer ganz so leicht. Obwohl es eine bedeutsame Methode ist, um das im Kopf vorherrschende Chaos wieder in geordnete Bahnen zu lenken und Energie für neue Aufgaben zu haben.

Mit den folgenden Tipps gelangen Sie wieder zu gedanklicher Ordnung:

Sport: Eine einfache und bevorzugte Methode ist es, sich körperlich zu betätigen. Dabei ist es nicht wichtig, welche Sportart man betreibt – Jogging, Radfahren, Wandern, Yoga – wichtig ist nur, dass man sich auf die Aktivität fokussiert. Denn denkt man einmal nicht an die Probleme, fällt es im Anschluss leichter, sich auf Lösungswege zu konzentrieren.

Schlafen: Fast jeder Mensch kennt die prominente Redensart „eine Nacht darüber schlafen". Und dies ist ein äußerst hilfreicher Vorschlag, da der Kopf über Nacht die Chance erhält, sich auszuruhen und erlebte Vorkommnisse zu verarbeiten.

Meditieren: Meditationen haben das Ziel, dass ein unschöner Gedankenfluss möglichst weit weggeschoben wird und eine Person sich völlig auf die An- und Entspannung sowie die Übungen und die Atmung konzentriert. Nach einer geführten Meditationsstunde kommen dann die belastenden Gedanken zwar meistens wieder, aber sie sind wesentlich strukturierter.

Freunde treffen: Manchmal kommt es vor, dass eine betroffene Person aufgrund des Gedankenchaos keine reale Beurteilung mehr vornehmen kann. Dann ist ein gutes Gespräch und der Rat eines Freundes oftmals Gold wert. Diese Gespräche geben mitunter den richtigen Impuls.

Ist man in einer prekären Lage und sieht für sich selbst vor lauter unschönen Gedanken keinen Ausweg mehr, geht meistens der Hang dahin, sich selbst zu bemitleiden, oder Zigaretten und Alkohol werden die besten Freunde. Damit die Situation sich nicht noch verschlimmert, sollte man lieber zu den oben aufgeführten Tipps übergehen und sich eine Möglichkeit aussuchen. Denn was bringt es, wenn zwar durch Wein oder Bier für den Moment die Sorgen aufhören, aber am nächsten Tag wieder da sind und kein Lösungsansatz gefunden wurde?

Grübeleien unterbrechen und die bunte Seite des Lebens betrachten

Drehen sich die Gedanken immer und immer wieder um ein und dasselbe Thema, kann dies zu einer problematischen Angewohnheit werden. Es kann sogar zu schwerwiegenden psychischen Störungen kommen, wie zum Beispiel das Auftreten von Depressionen, Bewusstseinsspaltungen, Burnout oder Borderline-Syndrom. Auch zwanghafte Störungen oder regelmäßige Angstzustände werden in diesem Zusammenhang genannt.

Doch wie viel Grübeln ist denn nun normal? Es kommt natürlich auch immer auf die Situation an und jeder Mensch hat mal Zeiten, in denen er sinniert. Das ist auch völlig normal und unbedenklich. Jedoch kann es schnell passieren, dass sich das Gedankenkarussell mehr dreht als man eigentlich möchte und schon ist die Basis für mögliche psychische Probleme gelegt. Aus diesem Grund ist es auch durchaus sinnig, bei Zeiten hinzuschauen, um nicht die Kontrolle über das Denkmuster zu verlieren. Das Wohlergehen, die innere Ruhe und das eigene Glück dürfen schließlich nicht auf der Strecke bleiben.

Darum kann Grübeln krankmachen

Psychologen und Fachleute vertreten die Meinung, dass hauptsächlich drei Faktoren für das dauerhafte Sinnieren ausschlaggebend sind:

- Die Annahme, dass durch ein ständiges Wälzen des Problems man einen besseren Einblick erhält
- Die eigene Vorgeschichte ein oder mehrere Traumata enthält
- Dauerhafte Stressfaktoren, mit denen nicht umgegangen werden kann oder sie nicht kontrollierbar sind

Ein ständiges, negatives Gedankenkarussell ist auch bei Personen mit einer perfektionistischen Neigung oder neurotischen Tendenzen normal. Für den Großteil der Menschen ist es fast schon an der Tagesordnung, erlebte Geschehnisse noch einmal Revue passieren zu lassen, damit sie begreifen, was nicht richtig gelaufen ist und was sie aus ihren Fehltritten lernen können. Untersuchungen haben ergeben, dass die Menschen jeden Tag entweder in ihrer Vergangenheit sind oder sich in die Zukunft träumen, anstatt im Hier und Jetzt zu sein.

In extremen Fällen kann ein solches Verhalten allerdings dazu führen, dass man sich nur noch an die negativen Fakten aus der Vergangenheit oder der Zukunft hält. Psychologische Untersuchungen haben ergeben, dass ein Zusammenhang zwischen einem dauerhaften Grübeln und psychischen Befindlichkeiten wie Depressionen und Angstzuständen besteht. Mit der Zeit gelangen zwanghaft Sinnierende in einen willentlich nicht mehr steuerbaren Sog negativer Gedankengänge, die zu Emotionen führen, wie Schuld, Bedauern, Hilflosigkeit oder Wut.

Gleichfalls sind sie einem enormen Stress ausgesetzt. Vor allem Grübelnde, die traumatischen Erlebnissen ausgesetzt waren und die beispielsweise einen geliebten Menschen verloren haben, erkranken mit einer höheren Wahrscheinlichkeit an Depressionen. Daraus lässt sich womöglich ableiten, dass anhaltendes Sinnieren und depressive Strukturen einander verstärken. Dadurch können betroffene Menschen in eine negative Spirale gelangen, die sie selbst nicht mehr kontrollieren können.

Zwanghafte Störungen

Die klinische Psychologie ordnet das ständige Grübeln oder sich an Gedanken festhalten bei den Zwangsstörungen ein. Die belastenden und wiederkehrenden Gedanken, die aufgrund des Sinnierens aufkommen, sind nach einem bestimmten Zeitraum nicht mehr zu stoppen. Und in ebendiesem Kontrollverlust der eigenen Gedanken sehen die Fachärzte ein zwanghaftes Verhalten.

Auch gesundheitsschädliche Verhaltensmuster schließen sich nicht aus. Denn gar nicht selten gehen mit einem zwanghaften Verhalten auch unkontrollierte Essanfälle oder gar ein übermäßiger Alkoholkonsum einher. Allem Anschein nach führt Grübeln demnach zu einer nicht mehr kontrollierbaren Verhaltensweise. Die betroffenen Personen nutzen im Prinzip ihr Verhalten als Bewältigungsstrategie beziehungsweise als einen Weg, um die negativen Gefühle zu regulieren.

Unschöne zwischenmenschlichen Auswirkungen

Letzten Endes führt das dauerhafte „Herumreiten" auf den stets gleichen Gedanken dazu, dass die betroffenen Menschen nicht mehr fähig sind, einfache Aufgaben in ihrem Alltagsleben zu meistern. Sie sind in der Regel so in negative Gedankengänge vertieft, dass sie dadurch gehindert werden, eine bestimmte Arbeit auszuüben und mit beruflichen oder privaten Beziehungen nicht mehr umgehen können. Nicht nur für die geistige Gesundheit hat das anhaltende Sinnieren ernsthafte Folgen, sondern auch für zwischenmenschliche Beziehungen.

Es kann sogar so weit gehen, dass eine Unterstützung von der Familie oder Freunden nicht mehr angeboten wird. Für die betroffene Person bedeutet dies, dass sich noch mehr Frust aufbaut und die Gedankenspirale weiterdreht. Aus medizinischer Sicht kann das ständige Nachdenken die Gehirnfunktionen durchaus beeinträchtigen. Diejenigen Personen, die darunter leiden, fokussieren sich fast einzig und allein auf jedes noch so kleine Detail ihres Problems.

Sie sind demnach nicht in der Lage, eine Problemlösung zu finden, stattdessen überkommt sie ein illusorisches Gefühl der Mutlosigkeit. Menschen, die dauerhaft zaudern, zweifeln und nachdenken, kommen einfach nicht weiter. Da nützt es auch wenig, wenn man sagt, dass derjenige aufhören soll zu grübeln. Aber mit ein paar Tipps kann das Sinnieren gestoppt oder wenigstens reduziert werden.

Sich ablenken

Sobald man bemerkt, dass die Grübelei beginnt sollte man sich ablenken. Angemessene Alternativen lenken den Gedankenstrom in eine andere Richtung. Entweder kann man einen spannenden Krimi lesen, mit Freunden telefonieren oder sich zum Wandern/Spazierengehen verabreden. Da sich der Schwerpunkt verlagert, hören auch die negativen Gedanken auf.

Stopp-Signale verwenden

Eine gern genutzte Methode, um das Sinnieren zu stoppen, ist es mit Hilfe von sogenannten „Stopp-Signalen“ die Gedanken erst gar nicht entstehen zu lassen. Direkt zu Beginn des ersten negativen Gedankens sagt man zu sich selbst: „Stopp. Ende. Aus.“ Zunächst klingt das befremdlich, aber je mehr man übt, umso leichter fallen einem die Worte und die Gedankenspirale wird unterbrochen.

Zwei-Minuten-Test

Die Stimmung ist am Tiefpunkt und das Gedankenkarussell dreht sich ohne Unterlass. Jetzt ist es Zeit für den Zwei-Minuten-Test. Hierbei lässt man die Gedanken für genau zwei Minuten zu und hinterfragt dann: „Bin ich durch die Gedanken näher an eine Lösung gekommen?“ oder „Sehe ich jetzt durch die Gedanken klarer?“ Kann die Frage mit einem klaren Nein beantwortet werden, sollten die Gedanken ganz bewusst gestoppt werden.

Achtsam betrachten

Man sollte sich deutlich vor Augen führen, dass es sich lediglich um Gedanken handelt und nicht um Tatsachen. Das Problem, dass die meisten Grübler haben, ist, dass sie sich die schlimmsten Bilder und Szenarien ausmalen. Wobei in der Realität nichts davon einzutreffen scheint. Um derartige Gedankengänge zu stoppen, kann es sinnvoll sein, dass man zu einer alternativen Betrachtungsweise umschlägt. Dies meint, dass die Szenarien positiv dargestellt werden. Durch eine achtsame Veranschaulichung konzentriert man sich mehr auf den Augenblick und lässt die negativen Bilder in den Hintergrund verschwinden.

Gedankenfalle erkennen und auflösen

Viele kennen die Situation: Zeitdruck baut sich immer mehr und mehr auf, im Büro müssen mehrere Aufgaben zeitgleich gelöst werden und irgendwann wächst Ihnen alles über den Kopf. Es scheinen nur noch Probleme zu existieren, doch die Lösungen lassen auf sich warten. In solchen anstrengenden Phasen ist die Wahrnehmung verzerrt und man gerät in den Tunnelblick. Doch was macht der Tunnelblick mit einem?

Sobald man sich in einer bestimmten Situation nicht mehr zurechtfindet und überfordert ist, nimmt der Stress seinen Lauf. Die Hormone Cortisol und Adrenalin breiten sich im Körper aus und der Stress ist dafür verantwortlich, dass man sich auf ein Problem fokussiert. Zunächst sei gesagt, dass dies ein natürliches Vorgehen ist. Der Tunnelblick lässt im Prinzip nur eine Wahrnehmung zu, um so schnell wie möglich die stressige Situation wieder verlassen zu können.

Es ist demnach nicht verwunderlich, dass man in Stressphasen nicht mehr positiv denken mag, sondern sich die Probleme türmen. Der Organismus und das Gehirn sind seit Urzeiten darauf trainiert, dass sie die „überflüssigen“ körperlichen Funktionen herunterfahren und die „überlebenswichtigen“ hinauffahren, wie zum Beispiel ein erhöhter Puls, angespannte Muskulatur und Fokussieren. Das Leben in der heutigen, modernen Zeit besteht überwiegend aus Leistungsdruck und Schnelllebigkeit.

Ebenso, wie es vielschichtig und komplex geworden ist und die Menschen vor teilweise große Herausforderungen stellt. Problematisch wird es dann, wenn man nicht weiß, wie die Aufgaben gemeistert beziehungsweise gelöst werden sollen. Der Tunnelblick bedeutet im Grunde, dass man zu sehr nach einer Lösungsoption sucht und gleichzeitig alternative Möglichkeiten eng werden.

Die aus dem Tunnelblick entspringenden falschen Denkweisen

Der Tunnelblick an sich ist für die betroffene Person schon eine Herausforderung, doch die daraus resultierenden falschen Denkweisen setzen dem Ganzen noch das i-Tüpfelchen drauf. Hierbei handelt es sich um Denkfehler, die der Realität nicht mehr entsprechen und die Tatsachen in ein anderes Licht rücken. Sie erschweren einem das Leben. In den meisten Fällen neigen die betroffenen Personen dazu, die Wirklichkeit ins Negative abrutschen zu lassen und nur das Schlechteste anzunehmen. Durch den Tunnelblick verschärft sich das Schwarz-Weiß-Denken sowie das Katastrophen-Denken.

Schwarz-Weiß-Denken

In stressigen Lebensphasen ist die Wahrnehmung oftmals sehr eingeengt, man hat Scheuklappen auf und denkt zunehmend nur noch in ganz bestimmte Richtungen. Beispielsweise gibt es nur gut oder schlecht, Schwarz oder Weiß.

Beispiel: „Wenn ich den Vortrag nicht perfekt hinbekomme, dann habe ich ganz versagt und der Chef wird sauer auf mich sein."

In solchen Situationen zählt nur ganz der gar nicht. Bei dem Schwarz-Weiß-Denken haben die Menschen das Gefühl, dass für sie nur die eine Lösung richtig ist, sie den einen Weg einschlagen müssen. Doch das entspricht keinesfalls den Tatsachen, denn für ein Problem gibt es immer mehrere Wege und Lösungsansätze. Für einige kann man eine Abkürzung nehmen, bei anderen ist ein Umweg vielleicht die bessere Alternative.

Katastrophen-Denken

Beim Katastrophen-Denken nimmt man automatisch immer gleich das Schlimmste an.

Beispiel: Sie haben sich mit einem Bekannten in einem Café verabredet, der Sie bei einer Problemlösung unterstützen möchte. Sie sind aufgeregt und gleichzeitig auch gestresst, da Sie das Problem aus der Welt haben möchten. Doch Ihre Verabredung erscheint einfach nicht.

Ihr Gehirn schaltet plötzlich um in den Krisen-Modus. Sie sehen vor Ihrem inneren Auge die schrecklichsten Szenarien, die jedoch mit der Wirklichkeit kaum etwas gemein haben.

- Er kommt nicht zur Verabredung, weil er mich nicht ernst genug nimmt.
- Er hat keine Lust, sich meine Probleme anzuhören.
- Er hatte vielleicht einen schrecklichen Unfall und liegt im Krankenhaus.

Diese Denkweisen sind einerseits relativ normal und jedem schießt mal so ein Gedanke durch den Kopf. Andererseits sind solche Gedanken völlig überflüssig, da sie nur in der Fantasie existieren. Für das Nichterscheinen kann es andere Möglichkeiten geben, die näher an der Wahrheit dran sind.

- Der Bus ist vor seiner Nase weggefahren und er musst auf den nächsten warten.
- Er kommt nicht pünktlich von seiner Arbeit weg.
- Er wurde heimgesucht von einem grippalen Infekt.
- Vielleicht hat er es auch ganz einfach nur vergessen – kommt auch schon mal vor. Was nichts über die Beziehung aussagt.

Sicherlich haben Sie auch schon einige andere Beispiele erlebt. Derartige katastrophale Gedankengänge tauchen in der Regel auf, wenn man hohem Stress ausgesetzt ist oder sich mit einem gewaltigen Problem konfrontiert sieht. Es wird quasi aus einer Mücke ein Elefant gemacht.

Welche Möglichkeiten gibt es, um dem Tunnelblick zu entkommen?

Wie schon beschrieben, sind diejenigen Menschen, die einen Tunnelblick haben, der Realität entkommen und haben den Überblick verloren. Sie verlieren sich in Einzelheiten und bekommen nicht mehr mit, was in ihrem Leben sonst noch passiert. Dabei werden die Lösungen übersehen, die eigentlich direkt vor einem liegen. Ist man über eine längere Zeit von diesem reduzierten Bewusstsein betroffen, können die Folgen daraus negativ beladen sein: Motivationsverlust, Dauerstress, Hilflosigkeit und depressive Verstimmungen.

Zum Glück gibt es einige Optionen, durch die man wieder ein Stückchen über den Tellerrand hinausblicken kann und die Kontrolle wieder zurückgewinnt. So stehen nicht mehr nur die Probleme an erster Stelle, sondern Lösungswege sind in greifbarer Nähe.

1. Die Situation aus einer anderen Perspektive betrachten

Möchte man wieder klarer sehen, reicht oftmals schon ein Wechsel der Blickrichtung aus. Bei dem Tunnelblick werden Dinge nicht mehr wahrgenommen, die für Außenstehende ganz selbstverständlich erscheinen. Ein Wechsel der Perspektive kann daher wahre Wunder bewirken, wenn man sich in einer stressigen Phase befindet. Dabei sollte man sich fragen, wie die Menschen im eigenen Umfeld gewisse Situationen betrachten und sich in deren Position versetzen.

- Wie würde diese Person in einer bestimmten Lage vorgehen?
- Wie würde diese Person diese Lage beschreiben?
- Was hat diese Person klar vor Augen, was ich übersehen habe?

Vereinfachen würde das Ganze natürlich ein persönliches Gespräch mit dieser Person. Hilfreich ist es, wenn sie Ihnen wohlgesonnen ist, jedoch nicht immer uneingeschränkt allem zustimmt. Wenn Sie zum Beispiel wegen einer bevorstehenden Rede Angst vor Aussetzern haben und aufgrund dessen die Nerven völlig blank liegen, können Sie daran zurückdenken, dass Sie Karteikarten benutzen dürfen.

2. Eine andere Umgebung aussuchen

Ebenfalls ist es hilfreich, in einer verfahrenen Situation die Umgebung zu wechseln. Dieser Schritt kann durchaus dabei helfen, wenn man neue Eindrücke, Ideen und Lösungswege finden möchte. Ein anderer Ort bietet einen Perspektivenwechsel. Sitzen Sie beispielsweise schon längere Zeit an Ihrem Schreibtisch und denken über ein berufliches Problem nach? Dann gehen Sie eine halbe Stunde spazieren. Ziehen Sie sich für diese Zeit aus der Situation heraus und lassen Ihre Gedanken schweifen. Kehren Sie dann wieder an Ihren Schreibtisch zurück, haben Sie sicherlich eine andere Sichtweise auf das Problem. Oder Ihnen ist während des Spaziergangs eine andere Idee gekommen, wie Sie weiter verfahren möchten. Seien Sie offen für Vorschläge von Dritten.

3. Das Worst-Case-Szenario durchspielen

Um das Katastrophen-Denken zu durchbrechen, können Sie sich einmal überlegen, was im schlimmsten Fall passieren könnte. Spielen Sie die Situation in den Ihnen vorschwebenden Varianten durch. Steigern Sie sich zu sehr in Ihre „Weltuntergangs-Stimmung“ hinein und malen es sich bis ins Detail aus, werden Sie wahrscheinlich irgendwann an den Punkt kommen, an dem Sie über sich selbst schmunzeln. Ferner bereiten Sie sich auf dadurch auf mögliche Hemmnisse und Probleme vor. Das hilft Ihnen dabei, optimistischer auf das Bevorstehende zu blicken.

Beispiel anhand eines beruflichen Vortrags:

Stellen Sie sich vor, Sie müssen einen Vortrag halten. Was ist das Schlimmste, was Ihnen passieren könnte? Richtig, dass Sie einen Blackout bekommen und Sie nicht mehr wissen, was Sie sagen wollten. Sie beginnen womöglich zu zittern, werden nervös und bringen keinen Satz hervor. Ihr Publikum starrt Sie an. Nun haben Sie aber nette Kollegen, die Ihnen durch ein paar Stichpunkte weiterhelfen und Sie daran erinnern, wo Sie gerade stehengeblieben waren. Vielleicht erinnern Sie sich nach ein paar Sekunden wieder von selbst daran.

Doch was, wenn nicht?

Ihr Gehirn wird in den Krisen-Modus umschalten und Ihr Körper versteift sich immer mehr. Schweißperlen treten auf Ihre Stirn. Das Publikum und auch die Kollegen beginnen zu raunen und schütteln die Köpfe. Der Kloß in Ihrem Hals wird immer dicker und die Tränen steigen auf. Ihr Vorgesetzter ist außer sich vor Wut, weil Sie den Vortrag versemmelt haben. Völlig niedergeschlagen verlassen Sie den Raum und gehen nach Hause. Ist dies eine realistische Situation für Sie? Wenn Sie Ihre katastrophalen Fantasien immer wieder durchspielen womöglich sogar bis ins völlig Überzogene, werden Sie sich früher oder später selbst fragen, ob Sie das alles ernst nehmen können. Sie werden bemerken, wie Sie sich emotional von Ihren überzogenen Ängsten lösen und beruhigen sich wieder.

Das bedeutet, dass man einen kühlen Kopf bewahren sollte, um sich realistisch auf bevorstehende Situationen vorzubereiten. Selbst wenn Sie einmal bei einem Vortrag ins Stocken geraten, ist dies kein Weltuntergang. Machen Sie sich klar, dass sie natürlich auch mal den Faden verlieren können, doch, wenn Sie dies einkalkulieren, bereiten Sie sich mit Karteikarten vor. Mit Sicherheit werden Ihre Zuhörer Verständnis für einen kleinen Aussetzer haben und charmant darüber hinweggehen. Denn wer ist nicht aufgeregt vor einer Rede? Indem man sich selbst mit einem Worst-Case-Szenario konfrontiert und diese durchspielt, können Lösungsansätze erarbeitet werden.

4. Die Sonnenseite des Lebens einbeziehen

Es gibt Gegebenheiten im Leben, die Stress verursachen. Manche Probleme scheinen unlösbar und man weiß erst mal nicht weiter. Am liebsten möchte man dann alles stehen und liegen lassen und das Weite suchen. Aus diesem Grund ist es auch bedeutsam, dass man den Fokus hin und wieder auf etwas Positives richtet. Eine positive Denkweise schlägt sich auch im eigenen Handeln nieder. Im Folgenden sind einige Vorgehensweisen beschrieben, wie man in kritischen Situationen optimistisch bleibt.

- Das Problem zwar als solches erkennen, aber kein Drama daraus machen.

- Der Fokus liegt auf den Fakten. Achtsamkeit üben bei einer falschen Denkweise und sich von verzerrten Deutungen lösen.
- Bereit sein, auch Umwege in Kauf zu nehmen, um eine Lösung herbeizuführen.
- Sich nicht in Worst-Case-Szenarien hineinsteigern, vielmehr überlegen, was im idealsten Falle passiert.
- Sich der eigenen Stärken bewusstwerden und überlegen, wie sie für eine Problemlösung eingesetzt werden können.
- Sich in einen positiven Eigendialog begeben und sich reflektierende Fragen stellen. Was begeistert einen? Woraus ist man besonders stolz? Wo kann man Unterstützung finden?

Probleme lassen sich wesentlich leichter lösen, wenn man nicht gleich hektisch und nervös wird. Führen Sie sich immer wieder vor Augen, dass wenn Sie in einer stressigen Phase sind und das Gefühl haben, nicht weiterzukommen, Sie einen kühlen Kopf bewahren sollten. In den allermeisten Fällen sind die Lösungen quasi direkt vor der Nase greifbar und müssen nur von Ihnen gefunden werden.

Muster für Rückfälle in negative Gewohnheiten erkennen und auflösen

Endlich hat man das EINE geschafft und ist unsagbar stolz auf sich. Es breitet sich ein Siegesgefühl in einem aus, sobald man gegen eine nicht gewünschte Angewohnheit angekämpft und diese erfolgreich überwunden hat. Doch wie deprimierend wäre ein Rückschritt! Man ist enttäuscht (über sich selbst), wenn plötzlich festgestellt wird, dass genau die schlechte Angewohnheit wieder zurückkehrt, die zunächst überwunden geglaubt war. Mit einem Mal ist sie mit ihrer gesamten Heftigkeit wieder zurück.

Vielleicht haben Sie es am eigenen Leibe schon erfahren, wie es ist, wenn Sie in eine Unart wieder zurückfallen, die Sie zweifelsohne ablegen wollten. Bei Menschen, denen dies widerfahren ist, kommen häufig Zweifel auf, ob sie das nicht erwünschte Verhalten tatsächlich auch wirklich aufgeben wollten. Die Palette an unerwünschten Angewohnheiten ist riesig: Kaufsucht, Esssucht, Alkohol- und/oder Zigarettenkonsum, um nur einige zu nennen.

Doch warum besteht noch nach Monaten oder Jahren die Gefahr, wieder in eine schlechte Gewohnheit zu fallen? Wo doch die anfängliche Abstinenz gut überstanden wurde? Ein Grund hierfür ist wohl der, dass bestimmte Störfaktoren oder Belastungen abermals auftreten können. Der Körper beziehungsweise das „Suchtgehirn" erinnert sich dann daran, dass ebendiese schlechte Angewohnheit vorübergehend zur Erleichterung beigetragen hat.

Auch wenn man der Meinung ist, die nicht erwünsche Gewohnheit endgültig hinter sich gelassen zu haben, muss man sich bei Störfaktoren - wie auch immer diese aussehen mögen - vor einem möglichen Rückfall schützen. Breitet sich Einsamkeit oder Langeweile aus, sollte es nicht verwundern, dass sich die einstige Gewohnheit wieder meldet und an die Oberfläche will. Andere Auslöser für Rückfälle können sein: Zwischenmenschliche Streitigkeiten, negative Emotionen, Gruppenzwang ebenso wie Situationen, die eine große Versuchung darstellen.

Rückfälle vermeiden

Auch wenn man über einen langen Zeitraum erfolgreich gegen die schlechte Angewohnheit gekämpft hat, ist es sehr bedeutsam, die Vorgehensweise beizubehalten, die zu Beginn geholfen hat. Die ausgewählte Strategie darf ruhig in brenzligen Situationen wieder angewandt werden, doch in einigen Fällen ist es ausreichend, wenn man sich an die Wirkung zurückerinnert - gerade in Zeiten, in denen die Belastungen und Versuchungen groß sind.

Vielleicht sind Sie aber auch dazu übergegangen und haben Ihre Fortschritte niedergeschrieben. Dies ist bei der Bewältigung einer schlechten Angewohnheit sehr hilfreich und schreiben Sie auch weiter auf, wie Sie sich dabei fühlen, die Gewohnheit überwunden zu haben. Denn nicht immer ist die Gefahr, einen Rückfall zu erleiden, sofort gebannt.

Eine weitere Option ist es, sich bei jeder Versuchung, die man überstanden hat, ein kleines Geschenk zu machen oder sich zu loben. Die Methode der Belohnung trägt dazu bei, dass ein Rückfall vermieden wird. Haben Sie sich von Freunden oder der Familie helfen lassen? Dann scheuen Sie sich nicht, auch bei den ersten Anzeichen eines Rückfalls deren Hilfe in Anspruch zu nehmen. Überlegen Sie sich, welche weitere Methoden für Sie in Frage kommen, um bei aufkommendem Stress oder Belastungen nicht wieder rückfällig zu werden.

Neuen Ersatz suchen

Haben Sie mit einer nicht gewollten Gewohnheit abgeschlossen, entsteht zunächst einmal ein „Loch“. Dies gilt es durch eine Ersatztätigkeit wieder zu verschließen. Beschäftigen Sie sich mit unterschiedlichen und spannenden Aktivitäten. Sofern man handwerklich begabt ist, können diese Tätigkeiten die bestehende Lücke schließen oder andere Hobbys können ausgeweitet werden.

Nach Möglichkeit sollten benötigte Materialien schnell zur Hand sein, damit man der neuen Beschäftigung zu jedem Zeitpunkt nachgehen kann. Sozusagen werden dann frühere unschöne Angewohnheiten durch neue, sinnvolle Beschäftigungen ersetzt. Sicherlich hat die bisherige Gewohnheit in stressigen Situationen einem dazu verholfen, eine Erleichterung zu erfahren.

Dann ist es von Bedeutung, dass der ausgewählte Ersatz nun den gleichen Zweck erfüllt. Ersatzbetätigungen können unter anderem sein:

- regelmäßig lesen oder malen
- in einem Verein Sport treiben
- ein neues Musikinstrument lernen
- mit Handarbeiten (Nähen, Stricken) beginnen

Ist man sich noch unsicher, in welcher Aktivität man seinen neuen Ersatz findet, sollte eine Liste mit den Tätigkeiten erstellt werden, die einem am meisten Freude bereiten. Nach einigen Tagen wird sich vermutlich eine oder zwei Tätigkeiten herauskristallisieren. Diese neue Ersatzbetätigung muss nun so oft wie möglich praktiziert werden. Genauso, wie man es mit der bewältigten Unart getan hat. Dadurch fällt es einem auch leichter, bei aufkeimenden Belastungen auf diese neue zurückzugreifen.

Nur nicht entmutigen lassen

Gegebenenfalls ist es Ihnen auch möglich, dass Sie die ein oder andere Belastung reduzieren. Die Verlockung, in unschöne Angewohnheiten zurückzufallen ist in stressigen Situationen sehr groß. Auch wenn bestimmte Probleme nicht vermeidbar sind, können Sie dennoch lernen, Ihre Emotionen so zu kontrollieren, dass Sie sich nicht entmutigen lassen. Hin und wieder kommt es vor, dass man einen temporären Rückfall erleidet. Dabei kommt häufig schnell die Überlegung auf, dass man den Vorsatz, nämlich die alte Gewohnheit hinter sich zu lassen, ganz aufgibt.

Das ist ein völlig normaler Vorgang. Doch man sollte nicht dazu übergehen und seine bisherigen Erfolge einfach aufgeben, nur, weil man einen Rückschritt gemacht hat. Viel besser ist es, an der Stelle wieder weiterzumachen und sein Ziel vor Augen zu behalten. Auf Rückschläge stellen sich oftmals Schuldgefühle ein. Die Folge kann unter Umständen sein, dass man sich in derartige Schuldgefühle hineinsteigert und meint, dass man charakterliche schwach sei und nichts Gutes verdient. Das ist natürlich nicht richtig und solche Gefühle dürfen erst gar nicht aufkommen. Denn sie rauben einem die Kraft, um sein Vorhaben auch weiter fortzusetzen.

Lassen Sie sich nicht von einem kurzweiligen Rückfall dermaßen überrollen, dass Sie sich quasi selbst aufgeben. Letztendlich ist es doch von Bedeutung, dass Sie Ihre Gewohnheiten besiegen, ganz gleich, ob Sie auf Ihrem Weg einmal schwach werden oder nicht. Es ist in jedem Fall ratsam, sich von vornherein zu überlegen, wie man vorgeht, wenn man seiner unschönen Gewohnheit einmal nachgibt.

Denkmuster dauerhaft verändern

Eine gewisse Routine abzulegen kann mitunter eine schwierige Aufgabe sein. Ein Großteil der Menschen erleiden Misserfolge, wenn es darum geht, ihre Vorsätze umzusetzen, da sie nicht genug Willenskraft haben. Diejenigen, die die richtige Strategie und einen passenden Zeitpunkt wählen, können ihre Angewohnheit entweder ablegen oder sie für sich nutzen. Dazu muss jedoch das Denkmuster verändert werden.

Wissenschaftlich belegt ist, dass einem Menschen tagtäglich an die 60.000 Gedanken im Kopf herumgehen. Das ist eine recht imposante Zahl. Bei der Vielzahl der Gedanken sollte man meinen, dass sich eine Menge neuer darunter befinden. Doch leider kann dies nicht bestätigt werden. Viel eher ist es so, dass gut 90 Prozent der Eingebungen, die heute gedacht werden, am Vortag bereits gedacht wurden.

Der überwiegende Teil dessen, was ein Gehirn leistet, ist demnach reine Routine. Ohne gewisse Rituale und bewährte Strukturen könnte man schließlich nicht sachlich arbeiten oder ideenreich sein. Es wird erst dann problematisch, wenn man sich über einen langen Zeitraum hinweg durch dauerhaftes Wiederholen der stets gleichen Gedankengänge selbst behindert.

Vor allem, wenn man wirklich einfallsreiche Lösungen für komplizierte Aufgabenstellungen finden möchte, ist ein „Denk-Tunnel" die schlimmste Bremse überhaupt. Ständig die gleichen Gedanken zu haben, führt nur dazu, dass man noch stärker eingeschränkt ist und keine anderen Ideen mehr zulässt. Das bedeutet, dass man lediglich auf der Grundlage eines bereits vorhandenen Wissens die für einen selbst selbstverständliche Lösung heraussucht. Leider ist es in dem meisten Fällen nur die plausibelste, nicht jedoch die bestmögliche Lösung. Typische Kreativitäts-Methoden wie beispielsweise Brainstorming helfen dabei nicht weiter, da die Assoziationen, die einem ad hoc einfallen, durch innere Barrieren eingeengt sind.

Daraus resultiert in der Regel, dass bei bestimmten Themengebieten, die einem eigentlich gut bekannt sind, lediglich sehr naheliegende Gedankenketten ins Gedächtnis kommen. Darüber hinaus neigen einige Menschen dazu, möglichst schnell in Lösungen zu denken und nach anderweitigen Optionen zu suchen. Was ebenfalls zu Einschränkungen beim Denken führt. Im Grunde genommen erscheint für uns Menschen alles wie selbstverständlich, doch dabei übersieht man schnell die Gedankenverbindungen und Ideen, die noch im Verborgenen liegen.

Das eigene Denkmuster verändern

Kennt man sich in einem bestimmten Bereich sehr gut aus, ist das durchaus positiv. Doch wie oben beschrieben, ist ein Vorwissen nicht immer vorteilhaft. Gerade bei dem Aufspüren innovativer Lösungen kann dieses Vorwissen einen blockieren.

Dies zeigt sich immer dann, wenn man voreilig Schlüsse zieht oder sich auf die eigenen Erfahrungen verlässt und letztlich werden am Ende lediglich althergebrachte Lösungen gefunden. Ideenreichtum erfordert allerdings genau das Gegenteil, nämlich ein Ausbrechen aus den gewohnten Denkmustern. Damit jemand wirklich kreativ sein kann, muss er seine Denkweisen verändern und ausblenden, was bislang funktioniert hat.

Um die eigene Denkweise in andere Bahnen zu lenken bedarf es einiger Techniken, die dabei behilflich sind, den „Denk-Tunnel" zu verlassen und die Denkstrukturen zu erweitern. Beispielsweise können Sie ein Problem aus verschiedenen Perspektiven betrachten und sich möglichst viele Lösungsansätze ausdenken.

- **Erfahrungen und vielfältige Interessen:** Nach Möglichkeit haben Sie vielfältige Interessen und können auf einige Erfahrungen zurückgreifen. Je mehr Sie von dem gelesenen, beobachteten oder erlebten Sie aus der Erinnerung hervorholen können, desto mehr ist in Ihrem Gehirn vorhanden. Es fällt leichter, neue Denkweise aufzustellen.
- **Ideenreichtum:** Außergewöhnliche Ideen benötigen Platz zum Wachsen. Sie sollten Ihre Ideen nicht sofort wieder verwerfen, wenn sie ungewöhnlich sind. Kreative Ideen sind dazu da, um ausgelebt zu werden.

- **Selbstreflexion:** Halten Sie auch mal inne und schauen Sie auf Ihre eigenen Denkmuster. Verwenden Sie immer von Neuem die gleichen Lösungswege? Handeln Sie voreilig und verzichten auf Ideen, die nicht der Regel entsprechen? Erkennen Sie Ihre alten Denkweisen und verwandeln Sie sie in neue.

Drei Methoden, um alte Denkmuster aufzubrechen

Es steht außer Frage, dass alte oder bisherige Denkmuster zuweilen auch eine psychische Belastung sein können. Leidet man unter einem bestimmten Denkmuster, sollte man sich vor Augen führen, dass es auch andere Menschen gibt, die ähnliches durchgemacht haben, sich dann aber aufgrund von positiven, neuen Denkweisen von ihrem „Leiden" befreit haben. Es gibt einige Methoden, die dabei behilflich sind, gewisse Denkmuster zu durchbrechen, die zur Gewohnheit geworden sind. Im Folgenden werden drei Techniken beschrieben, die dabei helfen, die eigenen Denkmuster aufzulösen.

Achtsamkeitsübungen

Psychologen haben Strategien entwickelt, die den betroffenen Menschen durch das Einbauen von Elementen aus der Achtsamkeit dabei helfen, Gedankenstrukturen zu durchbrechen. Dies ist insofern wirksam, als dass das Achtsamkeitstraining fordert, dass man darüber nachdenkt, wie ein Gedankenmuster entsteht.

Achtsamkeit fördert auch das Bewusstsein hinsichtlich der eigenen Denkweise und fördert die Fähigkeit, bestimmte Strukturen zu erkennen. Ferner bemerkt man durch diese Übungen, wenn negative Gedankenmuster auftreten und kann diese sofort stoppen. Eine Therapie, basierend auf Achtsamkeit, beinhaltet oftmals auch eine psychologische Unterstützung von Fachleuten sowie das Einbinden von Atemtechniken, Meditationen oder Yoga-Stunden.

Das Ziel ist es, die Personen, die ein negatives Denkmuster aufweisen, darin zu unterstützen, den Blick auf die Gegenwart zu richten und ihnen auch die Funktionalität ihres Gehirns vorzustellen und näher zu bringen. Das hilft den betroffenen Personen dabei, mögliche zwanghafte Denkweisen aufzulösen.

Techniken zur Problemlösung

Negativ belegte Denkmuster finden sich bei sehr vielen Menschen wieder. Aufgrund dessen ist es nur sinnvoll, einen Weg einzuschlagen, bei dem diese negative Denkweise beendet werden. Bei den Problemlösungstechniken werden eben diese Strukturen angesprochen und sie in positive umgekehrt.

Negatives Denkmuster: „Ich schaffe das sowieso nicht."

Positives Denkmuster: „Weil ich es mir zutraue, schaffe ich das!"

Zunächst sollte man sich auf Schritt für Schritt der Problemlösung zuwenden:

- Das Problem erkennen
- Einen Entschluss über das gewünschte Ziel fassen
- Ressourcen notieren, die zur Erreichung des Ziels beitragen
- Einen Handlungsplan erstellen

Ablenkung

Die dritte Methode befasst sich damit, dass man seinen Gedanken weder Raum noch Zeit gibt, um sich die alten Denkweisen ständig wieder vorzusagen. Stattdessen sollte man sich mit Dingen beschäftigen, die interessant oder anregend sind. Der Fantasie sind hierbei keine Grenzen gesetzt, zum Beispiel kann man einem Chor beitreten oder sich in Vereinen engagieren. Wichtig ist hierbei, dass eine Ablenkung ausgewählt wird, die konstruktiv ist und Spaß bereitet. Negative Denkweisen können auch durch neue, motivierende Tätigkeiten aufgelöst beziehungsweise in positive verwandelt werden.

Innere Ruhe finden

Sicherlich kennen Sie das auch: Gerade ist man bei einem Termin angekommen, befindet man sich in Gedanken schon beim nächsten Kunden. Der moderne Alltag wird beeinflusst von den verschiedensten Herausforderungen und von hektischen Gebaren. Man ist ständig unter Strom und wird von einer inneren Unruhe angetrieben - was jedoch der Gesundheit keinesfalls erträglich ist. Solche Zustände lassen sich auch nicht zu Hause abschütteln oder nur sehr schwer. Häufig kommen noch Einschlaf- und Durchschlafprobleme hinzu, da der Körper noch angespannt und gestresst ist. Doch in solchen Phasen ist es sehr von Bedeutung, dass Geist und Körper zur Ruhe kommen und entspannen können.

Durch die Kraft der Natur inneren Frieden finden

Bei einer stressigen Lebensführung treten normalerweise neben der anhaltenden inneren Unruhe auch noch weitere Symptome auf. Fachleute sprechen in diesem Zusammenhang von weiteren Symptomen wie extreme Angespanntheit oder Schlafstörungen, die die Lebensqualität vermindern. Um solche Phasen zu überstehen und den inneren Frieden wiederzufinden, können pflanzliche oder homöopathische Mittel eine gute Alternative sein. In der Freizeitgestaltung ist es daher umso wichtiger, dass man darauf achtet, sich viel an der frischen Luft oder im Wald aufzuhalten. Ausgiebige Spaziergänge oder Wanderungen lassen den Körper wieder zur Ruhe kommen und Energie tanken.

Keinesfalls sollte man die Kraft der Natur unterschätzen. Haben Sie schon einmal das Waldbaden ausprobiert? Nein? Dann sollten Sie sofort damit loslegen und mit der Natur Eins werden. Der Anreiz liegt vor allem darin, dass gestresste Menschen auf diese Art und Weise sich entspannen können. Dabei spielt Zeit überhaupt keine Rolle. Das Waldbaden ist nicht zu vergleichen mit einem Waldspaziergang oder einer Joggingrunde, vielmehr taucht man mit allen Sinnen in die Natur ein und nimmt sie wahr. Was sieht, hört oder riecht man? Wie fühlt es sich an, einen Baum zu umarmen? Durch Meditationen oder gezielte Atemtechniken kann das Waldbaden noch intensiviert werden. Um seinen Geist und Körper wieder zu „erden", ist es wichtig, dass Sie die Umgebung genau beobachten und innehalten.

Die innere Balance ist sehr wichtig

Wer sich in seinem inneren Gleichgewicht befindet, der kann die Aufgaben des Alltags gut meistern. Klare und strukturierte Gedanken tragen dazu bei, in hektischen Situationen einen kühlen Kopf zu bewahren und Auferlegtes wird durch körperliche Aktivitäten wieder ausgeglichen. Das zeigt sich auch in den Energiereserven und der Gesundheit wider, denn die werden geschont. Hingegen kann das anders aussehen, wenn das innere Gleichgewicht gestört ist.

Eine mangelnde innere Balance – Unausgeglichenheit zwischen Anspannung und Entspannung – hat oftmals eine innere Unruhe zur Folge.

Dahinter können relativ banale Gründe stecken, wie zum Beispiel Lampenfieber oder Angst vor dem Gespräch mit dem Chef. Gleichermaßen können jedoch auch wesentlich belastendere Situationen dazu führen, dass die Entspannung nicht eintritt, nämlich, wenn man eine nahestehende Person verliert, eine Trennung bevorsteht oder Stress im Berufsalltag herrscht. Dann sollte man dazu übergehen und in jeder freien Minute Entspannungsübungen machen.

Übungen für die innere Ruhe

Die nachstehenden Übungen können einem dabei helfen, zu mehr innerer Ruhe und Gelassenheit zu finden. Meistens haben sich (unschöne) Angewohnheiten über einen längeren Zeitraum eingeschlichen, ohne, dass sie bewusst wahrgenommen wurden und da ist es nicht immer leicht, diese in wenigen Tagen wieder abzulegen. Mit ein wenig Geduld kann es einem gelingen, nach und nach die innere Ruhe wiederzufinden und das Wohlbefinden zu steigern.

1. Mit einer Vertrauensperson sprechen

Haben Sie in Ihrem Umfeld eine Person der Sie vertrauen, dann sprechen Sie sich bei ihr aus und teilen Ihre Bedenken und Nöte mit. Nach solchen Gesprächen tritt oft eine Erleichterung ein, wenn man die Sorgen aussprechen kann. Erzählen Sie dieser Person, was Sie fühlen und unter Umständen findet sich dann zu zweit ja eine Lösung.

2. Sich selbst belohnen

Bei psychischen Belastungen scheint niemals die Sonne - so erscheint es einer betroffenen Person zumindest. Eine kleine Ablenkung kann dann eine schöne Belohnung sein, die man sich selbst macht. Kleinere Gelegenheiten lassen sich immer finden und es bringt ein bisschen Freude in das Alltagsgrau. Dabei kann es sich um ein schönes Buch handeln, ein außergewöhnliches Essen, das man sich zubereitet oder ein Abend mit gern gehörter Musik. Durch schöne Ereignisse steigert sich die Laune und man ist in der Lage, besser zu entspannen.

3. Entspannungsübungen in den Tag einbauen

Möchte man sich von seinen Alltagsproblemen eine Auszeit nehmen, helfen Entspannungsübungen wie progressive Muskelentspannung, Yoga oder autogenes Training dabei. Wenn Sie solche Techniken noch nicht gemacht haben, ist es ratsam, zunächst einige Stunden bei entsprechenden

Trainern zu nehmen. Fragen Sie auch bei Volkshochschulen oder Krankenkassen nach, die immer mal wieder Kurse anbieten.

4. Aufgaben an andere abgeben

Diese Empfehlung ist zwar leichter gesagt als getan, aber dennoch sollten Sie sie sich zu Herzen nehmen. Denn möchte man seine innere Balance wiederfinden, ist es durchaus von Bedeutung, die eigenen Grenzen nicht zu überschreiten. Aufgaben an andere zu delegieren muss nicht auf Anhieb funktionieren, vielmehr sollten Sie sich erst einmal selbst beobachten. Bei welchen Dingen stoßen Sie besonders an Ihre Grenzen? Anschließend können Sie dazu übergehen und Schritt für Schritt die Aufgaben delegieren, die Sie zu sehr belasten. Überlegen Sie, ob es Verpflichtungen gibt, die Sie auch liegen lassen können.

5. Schlechte Energie rauslassen

Bemerken Sie, dass sich trotz aller Maßnahmen eine innere Unruhe wieder einstellt, sollten Sie sich bewegen und die negative Energie abbauen. Durch körperliche Aktivitäten bauen Sie den Stress ab und bekommen den Kopf wieder frei. Es spielt keine Rolle, ob Sie Radfahren, Wandern,

Schwimmen oder Joggen gehen, Sie werden körperlich gefordert und tanken gleichzeitig neue Energie. Die körperliche Anstrengung kann – sofern sie nicht übertrieben wird – auch zu mehr Ausgeglichenheit beitragen.

6. Auszeiten nehmen

Nach einem hektischen Tag ist ein heißes Vollbad genau das Richtige für Sie. Badezusätze aus ätherischen Ölen haben zudem eine beruhigende Wirkung. Das Badewasser sollte eine Temperatur von 38 Grad nicht übersteigen und Sie nicht länger als eine halbe Stunde im Wasser bleiben. Gönnen Sie sich anschließend eine heiße Tasse Tee und genießen Sie ein schönes Buch dazu.

7. Positiv denken

Können die Gedanken das Wohlergehen beeinflussen? Ja! Durch positiv belegte Aussagen, die man sich immer und immer wieder gedanklich oder laut rezitierend aufsagt, kann das eigene Handeln positiv beeinflusst werden. Wenn man sich beispielsweise in einem hektischen Moment laut vorsagt: „Ich meistere das schon!“, fühlt man sich ruhiger und zielstrebiger.

Störende Routine verändern und innere Unruhe beseitigen

Die meisten Menschen kennen das Problem mit der inneren Unruhe. In den meisten Fällen gehen derartige Phasen von alleine wieder vorbei. Entspannung und Achtsamkeit unterstützen dabei, die innere Anspannung wieder zu lösen. Ist die innere Unruhe jedoch über einen längeren Zeitraum vorhanden und man findet keine Entspannung mehr, können auch psychische Leiden dahinterstecken.

Woher kommt die innere Unruhe und was verbirgt sich dahinter?

Angespanntheit, Grübeleien und eine anhaltende Rastlosigkeit – das sind die Symptome, die die Menschen kennen, wenn sie unter dem Getrieben-Sein leiden. Die innere Anspannung ist dabei so groß, dass sie sich innerlich zerrissen fühlen. Dieser Zustand ist nicht nur für die betroffenen Personen sehr belastend, sondern auch für die Freunde oder Familie. Die innere Unruhe wirkt sich belastend auf den Alltag aus und die Lebensbedingungen der Betroffenen sind stark eingeschränkt. Auch im Berufsleben bemerken die Arbeitskollegen oder Vorgesetzte diese Zustände.

In Zeiten, in denen die innere Unruhe zunimmt, verhalten sich die betroffenen Personen angespannt und sind oftmals rastlos. Sie fühlen sich vermehrt unwohl, sind nicht gut gelaunt oder sie überkommt ein immenser Bewegungsdrang.

Den meisten haben Schwierigkeiten damit, die Auslöser zu kontrollieren. Sie sind übertrieben gereizt, nervös und aufgeregt, hinzukommt, dass sie schnell Ungeduldig sind und infolgedessen schnell „explodieren". Beim Umgang mit ihren Mitmenschen sind sie häufig aggressiv, unkollegial oder auch stur. Das gilt auch für Menschen, die ihnen nahestehen und die sich für sie einsetzen. Ruhelosigkeit äußert sich darüber hinaus auch äußerlich. Familienmitglieder und Freunde erkennen eine nervöse Unruhe bei einer Person daran, dass sie sich beispielsweise

- an den Haaren herumspielt oder sie ausrupft.
- von Kleidung oder Haut Stückchen abzieht.
- mit den Händen nervös herumspielt oder die Finger knacken lässt.
- ohne Ziel hin und her geht.
- die Füße nicht stillhalten kann.
- auffällige Bewegungen macht, die für die betroffene Person aber unbewusst geschieht.
- die Hände zu Fäusten ballt.
- Gefühlsausbrüche zeigt.

Was kann man gegen die innere Unruhe machen?

Bei einem Großteil der Menschen dauern die Zeiten der inneren Unruhe nur relativ kurz und weisen keine krankheitsbedingten Gründe auf. Ohne Frage können die Ruhelosigkeit und der daraus resultierende Stress sehr strapaziös sein. Aufgrund dessen ist es von Bedeutung, bei einer inneren Unruhe und Unruhezuständen achtsam zu sein und sich selbst zu beobachten. Nachfolgend sind einige Tipps aufgeführt, die der Vorbeugung dienen:

Die Ursachen für die Rastlosigkeit finden

Hin und wieder kommt es vor, dass man sich angespannt fühlt - anscheinend ohne Grund. Dann sollte man in sich gehen und überlegen, ob vielleicht doch ein Auslöser vorhanden sein könnte. Solche Ursachen aufzuspüren - sind sie auch noch so marginal - können die Gedankengänge stoppen.

Die Genussmittel einschränken

Menschen, die übermäßig Alkohol, Kaffee oder Zigaretten konsumieren, neigen dazu, sich angespannt oder gereizt zu fühlen. Das kann die innere Unruhe noch begünstigen. Besser ist es, die Genussmittel zu reduzieren und Entspannungsübungen in den Tag einzubauen.

Abstand gewinnen

Am meisten ärgert man sich wohl über Probleme, die eher einen kleineren Charakter haben. Dann ist es hilfreich, in sich zu gehen und zu reflektieren, ob diese Probleme es wirklich wert sind, sich darüber zu ärgern. Sehen Sie die Probleme in Relation zu anderen Dingen, die sich gut anfühlen.

Zur Ruhe kommen

Wichtig ist, dass man sich auch mal eine Auszeit gönnt. Momente der Ruhe ermöglichen es, sich mit seinem Gedankengut auseinanderzusetzen. Dabei darf der Fokus ruhig auf sich selbst gerichtet sein.

Entspannungstechniken ausprobieren

Achtsamkeitsübungen, Yoga oder Meditation sind gut für Körper und Geist. Sie bringen die innere Balance wieder ins Gleichgewicht. Auch Gartenarbeit, Kochen oder einem Hobby nachgehen hilft, den Alltagsstress zu meistern. Es sind Tätigkeiten, die die nervöse Unruhe beseitigen können.

Positives Denken beflügelt das Leben

Das positive Denken wird in heutigen Zeiten praktisch als Grundlage für ein glückliches und gesundes Leben erachtet. Doch entspricht das auch wirklich den Tatsachen? Weshalb sind positiv denkende Menschen, die tagein tagaus einen Optimismus an den Tag legen, stets gute Laune haben und voller Energie sind, die glücklicheren und zufriedeneren Menschen?

Positives Denken – jeder kann es lernen

Manche Menschen denken, dass Optimismus angeboren sei und diese Haltung nicht erlernt werden kann. Doch das ist nicht richtig. Jeder Mensch kann es lernen, positiv zu denken. Grundlegend sei erwähnt, dass positives Denken nichts damit zu tun hat, dass man die Realität beschönigt oder sich ihr gar verweigert. Vielmehr geht es darum, einen veränderten Zugang zum eigenen Leben zu bekommen. Mithilfe von Achtsamkeit sowie einer ermutigenden Herangehensweise ist jede Person in der Lage, eine neue Auffassung vom Alltag zu haben.

Einen veränderten Blickwinkel auf die Geschehnisse und das eigene Leben zu haben, führt in der Folge meistens dazu, dass sich etwas grundlegend verändert. Positiv zu denken ist eine innere Haltung. Hierbei handelt es sich nicht um esoterische Grundsätze oder den Verlust der Realität, wie so mancher annimmt. Positives Denken hat auch nichts gemein mit Träumereien.

Positives Denken besagt im Grunde genommen, dass man selbst die Fürsorge dafür übernimmt, wie man denkt und was man fühlt. Entscheidend ist auch, dass sich gut anfühlende Gedanken und Gefühle in einem selbst ausbreiten. Diejenigen, die sich ganz bewusst dafür entscheiden, sich ohne Umwege von ihrem Inneren leiten zu lassen, anstatt sich durch äußere Einflüsse beirren zu lassen, haben den ersten Schritt in die richtige Richtung gemach. Sie lassen sich darauf ein, positiv zu denken.

Aufgrund der gezielten Steuerung bekommen negative Gedankengänge weniger Raum und können so nicht mehr Einfluss ausüben. Positives Denken ist demnach eine willentliche Entscheidung und Haltung, die die Wahrnehmung enorm betrifft. Indem man sich auf die schönen Dinge im Leben fokussiert, wird die Realität in ein anderes Licht gerückt. Dies führt dazu, dass positive Gefühle aufkommen, die in der Folge die Stimmung ansteigen lassen.

Positives Denken macht gesund und zufrieden

Sicherlich kennen Sie den Placebo-Effekt. Hierbei wurde beobachtet, dass einige Patienten auf Mittel, die wirkstofflos sind, dennoch positiv darauf ansprechen. Sie werden quasi ohne die Gabe von Medikamenten von einer Krankheit geheilt, ohne dass sie es wissen. Durch positives Denken glauben sie an eine Heilung. Mittlerweile gehen einige Therapeuten sogar soweit, dass sie zusätzlich noch dazu raten, dass die Patienten sich mit positiv denkenden Menschen umgeben. Eine positive Denkweise kann bestenfalls das Leben unbeschwerter machen.

Zufriedene und glückliche Menschen erfahren erwiesenermaßen weniger Stress und sind für Krankheiten weniger empfänglich. Daher ist es auch weniger von Bedeutung, inwieweit in Studien nachgewiesen wurde oder nicht, wie die Folgen von positivem Denken aussehen. Denn eines ist ziemlich sicher: Positives Denken wirkt sich vorteilhaft auf die Gesundheit aus. Wenn man lernt, den Gedanken eine positive Richtung zu geben, wird sich das gesamte Wohlergehen verändern.

Man ist insgesamt entspannter, lebt zufriedener und – sofern man möchte – auch gesünder, reagiert gelassener auf stressige Situationen und nimmt nicht alles ganz so ernst. Da lohnt es sich doch, sich tiefer in diese Materie einzuarbeiten. Was Sie hingegen einmal überdenken sollten, ob es sich wirklich lohnt, in sämtlichen Dingen – ganz gleich ob privat oder beruflich – immer auf sein Recht zu pochen. Sehr oft passiert es im Alltag, dass man auf seiner Meinung beharrt und seine Rechte durchsetzen möchte.

Den meisten Menschen ist es gar nicht bewusst, mit welchem Energieaufwand das verbunden ist und dass das eigene Glücksempfinden darunter leidet. Genau das ist aber das eigentlich Entscheidende: Anstatt nur nach bestimmten

Regeln zu handeln und manche Dinge so zu akzeptieren wie sie sind, sollte man viel mehr fühlen und Geschehnisse auf sich wirken lassen. Das macht glücklicher, als wenn man sich ständig dagegen wehrt.

Eine dauerhafte Auflehnung und ein konstantes Ablehnungsverhalten – auch gegen sich selbst – kann auf lange Zeit gesehen nur zu Frustration und Resignation führen. Gehen Sie mit einem guten Beispiel voran, schenken Sie Ihren Mitmenschen ein warmes Lächeln und akzeptieren Sie die Dinge, so wie sie sind. Schnell werden Sie bemerken, dass Sie innerlich beseelt sind.

Das sollte auch dann gelten, wenn gegebene Umstände es nicht zulassen, dass positive Gedankengänge aufkeimen dürfen. Jeder Mensch bestimmt selbst, worauf er seinen Fokus richtet, welchen Ereignissen und Entwicklungen gedanklich und emotional Raum gegeben wird.

Negative Geschehnisse so akzeptieren wie sie sind

Positives Denken meint nicht, dass die Realität sich schöngeredet wird und unschöne Erlebnisse oder Dinge einfach ausgeblendet werden. Vielmehr geht es auch darum, dass negative Erfahrungen beredet und verarbeitet werden. Die Kunst ist es nämlich, diese Dinge so anzunehmen, wie sie sind und möglicherweise auch etwas Positives herauszuziehen. Es bringt überhaupt nichts, wenn man in Grübeleien verfällt, die einen nicht weiterbringen. Das Augenmerk sollte schließlich nicht auf etwaigen Problemen im Leben liegen, die durch negative Emotionen und Gedanken zu einem Tunnel-Denken führen. Dies kostet Sie viel zu viel Energie und verschwendet nur Ihre Lebenszeit. Manche Gegebenheiten kann man nicht verändern oder beeinflussen.

Es wird Ihnen auch nicht helfen, wenn Sie versuchen wollen, Ihre Mitmenschen zu verändern. Wichtiger ist es, dass Sie lernen loszulassen und sich nicht an etwas verausgaben, was Sie zwar beschäftigt, Sie aber im Endeffekt nicht ändern können. Stattdessen sollten Sie Ihren Fokus bewusst auf die guten Dinge in Ihrem Leben richten. Aufrichtige Dankbarkeit empfinden und sich über die Dinge freuen, die Sie in Ihrem Leben haben – das ist der richtige Weg. Spüren Sie in sich hinein, was es für einen Unterschied macht, Ihren Fokus ein wenig zu verschieben und welche positiven Gefühle in Ihnen aufsteigen.

Glückliche Tage machen das Leben leichter

Manche Tage erfüllen einen und machen glücklich. Vielleicht haben Sie es auch schon am eigenen Leib erfahren. Startet man den Tag mit erfrischenden Gedanken, geht man leichter durch den Tag und die Zeit kann effektiver genutzt werden. Betrachtet man gewisse Situationen mit einer positiven Sichtweise, können Probleme auch schneller gelöst werden. Das bedeutet, dass zuerst das Gute gesehen werden sollte. Durch eine positive Lebenseinstellung begegnen Sie den täglichen Herausforderungen leichter und ziehen Erfolg und Glück förmlich an.

Positives Denken bewirkt zudem, dass der Gedankenfluss nicht endet. Die Gedanken entfernen sich von negativen Punkten, die ebenfalls eine starke Anziehungskraft haben, und geleiten Sie hin zu neuen Zielen. Bedenken Sie, dass Ihre (Lebens-)Zeit kostbar ist und die sollten Sie nicht mit Problemen, Sorgen oder negativem Gedankengut verschwenden. Begeben Sie sich auf eine innere „Wanderung“, sehen Sie nach vorne und finden Sie Ihr Glück.

Die Meditation ist eine hervorsagende Methode, um sich im täglichen Leben achtsamer zu verhalten und negativen Umständen mit Gelassenheit zu begegnen. Manche Menschen bevorzugen die Vorstellung von einem offenen Meer, das sie riechen und schmecken können. Welches nur sehr selten aufbrausend wird. Die wiederkehrenden Gedanken – ganz gleich ob sie positiv oder negativ sind – stellen hierbei die aufgewühlte See dar. Indem man lernt, die großen Wellen einfach „machen zu lassen“, sehen sie das blaue, ruhige Meer immer öfter vor sich und können sich dabei entspannen.

Ob durch regelmäßiges Achtsamkeitstraining, Mediation oder durch ein innerliches „Stopp“ kann man die eigenen Gedanken wieder beherrschen, sobald diese anfangen, sich im Kreis zu bewegen. Im Laufe der Zeit fällt es einem dann leichter, die negativen Eindrücke und Geschehnisse zu verarbeiten und sich einer positiven, neuen Zukunft zu stellen. Positiv Denken bedeutet auch, sich ganz bewusst auf die Suche nach dem Guten zu machen. Sofern man spürt, dass etwas an einem nagt, sollte es zwar akzeptiert werden, doch danach lässt man das Ereignis los und richtet sein Interesse auf eine andere Sache.

Schon ein winziges Lächeln bewirkt einiges an Veränderung. Häufiger am Tag mal zu Lächeln lässt die Probleme im täglichen Leben in einem anderen Licht erscheinen. Ab und zu ein Schmunzeln aufzulegen wirkt sich auch auf das körperliche Wohlergehen aus. Aus wissenschaftlicher und medizinischer Sicht ist es erwiesen, dass ein Lächeln die Glückshormone auf den Plan ruft. Schmunzelt man also, werden positive Signale an das Gehirn gesendet, die dann zu angemessenen Reaktionen verarbeitet werden. Darüber hinaus hinterlässt eine freundliche Mimik auch einen positiven Eindruck auf die Mitmenschen.

Personen, die mit einem Lächeln durch den Tag gehen, werden von ihrer Umwelt anders wahrgenommen. Anders, als Personen, die verschlossen oder mit einer grimmigen Miene Menschen begegnen. Sendet man den Menschen, denen man begegnet, freundliche Signale entgegen, bekommt man ein ebenso freundliches Echo zurück.

Was bewirken positive Affirmationen

Positive Zusprüche können Ihnen zu mehr Selbstbewusstsein und einer bejahenden Einstellung verhelfen. Unter Affirmationen versteht man im Grunde „Befehlssätze“ an sein Unterbewusstsein und sie bringen einen in einen bestimmten Energiestrom. Sie sind positiv formulierte Sätze, die die Lebensziele verstärken. Optimistisch denkende Menschen haben in der Regel auch eine höhere Lebenserwartung.

Demnach schauen sie deutlich positiver in ihre Zukunft, haben auch mehr Ziele vor Augen und verfügen über ein enormes Selbstvertrauen. Selbst in heiklen Situationen haben optimistische Menschen ihr Verhalten und ihre Emotionen besser unter Kontrolle. In Studien wurde nachgewiesen, dass positiv denkende Menschen sich besser um ihr Wohlbefinden kümmern und weitaus weniger Genussmittel konsumieren. Optimismus wird nicht mit in die Wiege gelegt, sondern man kann es lernen. Ein durchaus praktikables Hilfsmittel sind eben diese Affirmationen.

Diese positiv belegten Bekräftigungen, die immer wieder gedacht oder gesprochen werden, gelangen in das Unterbewusstsein und nehmen Einfluss auf die eigene Grundeinstellung. Dadurch werden die Grundeinstellungen quasi umstrukturiert. Im Alltag helfen sie dabei, bei kniffligen Aufgaben und Herausforderungen eine positive Selbstwahrnehmung zu wahren und einem Halt zu geben. Dazu hat sich eine Studie sehr intensiv mit der Auswirkung positiver Affirmationen auf das Gehirn beschäftigt.

Unter der Verwendung der Magnetresonanz-Tomografie wurde herausgefunden, dass bejahende Befehlssätze die Region für die Selbstreflexion im Gehirn stark aktivieren. Besonders massive Aktivitäten waren bei positiven Affirmationen spürbar, die auf die Zukunft ausgerichtet waren. Ferner tragen positive Bejahungen dazu bei, in stressigen Situationen komplexe Aufgabenstellungen zu meistern.

Mithilfe von positiv belegten Affirmationen konzentriert man seine Energie auf die eigenen Ziele, sie sind im Grunde genommen der Schlüssel, mit dem man sein Leben verändern kann. Durch positive Affirmationen kann man auch anderen Menschen zu mehr Selbstbewusstsein verhelfen. Interessanterweise muss eine Person sich dem Einfluss von positiven Bekräftigungen nicht bewusst sein, um daraus einen Vorteil zu ziehen. Positive Affirmationen werden auch gerne eingesetzt in Therapien und in der Arbeit mit Kindern.

Positive Affirmationen – einige Beispiele

Positive Affirmationen unterstützen Sie in den unterschiedlichsten Lebenssituationen. Dabei spielt es keine Rolle, ob es um Beziehungen, den Beruf oder um finanzielle Fragen geht. Es gibt für jeden Bereich und jede Situation die passende Affirmation. Bei der Auswahl Ihrer positiven Befehlssätze sollten Sie einige Punkte beherzigen.

- Die affirmative Bejahung sollte zu Ihren Werten passen. Die neuen Glaubenssätze sollen Sie vor allem in prekären Situationen an Ihre Werte erinnern. Hierzu ist es unabdingbar, dass Sie sich damit gut identifizieren können.
- Die Ausformulierung der Affirmation ist grundlegend von Bedeutung, denn Sie versuchen, Ihr Unterbewusstsein neu zu programmieren. Dafür müssen Sie auch hinter der Affirmation stehen.
- Achten Sie darauf, dass sich die ausgewählte Affirmation gut anfühlt.
- Affirmationen sollten grundsätzlich in der Gegenwartsform sein.

Beispiele für bejahende Glaubenssätze:

- Ich schätze und liebe mich für das, was mich ausmacht.
- Ich gebe auf mich Acht.
- Für meine Gesundheit und Wohlbefinden gebe ich alles.
- Ich schaffe alle Herausforderungen.
- Durch die Kraft meiner Gedanken ziehe ich nur Positives an.

- Zufriedenheit und Glück sind in mein Leben eingeladen.
- Ich bin mutig, stark und erfolgreich.
- Ich danke dem Universum für alles, was ich erhalte.
- Ich verdiene es glücklich zu sein.
- Ich habe es verdient, Geld in meinem Leben zu haben.
- Ich vertraue mit selbst.
- Ich bin dankbar für meine Fähigkeiten.

Vor allem, wenn man vor einer schwierigen Aufgabe steht, erwacht der innere Kritiker in einem und möchte noch ein paar Worte loswerden. Aufgrund von negativen Geisteshaltungen steht man sich dann selbst im Weg, da durch die Gedanken natürlich auch das eigene Handeln und somit die Realität geschaffen wird. Da dürfen ruhig wieder die positiven Affirmationen ins Spiel kommen, denn sie „krempeln" die Gedankenmuster um.

Positive Affirmationen richtig anwenden:

- Durch das stetige Wiederholen der Wünsche werden die Affirmationen sehr stark.
- Die positiven Affirmationen sollten zu einer täglichen Routine werden.

- Die Affirmationen werden deutlich ausgesprochen oder aufgeschrieben.
- Bedeutsam ist die wirkliche Überzeugung der Gedanken.
- Die ausgesprochenen Affirmationen müssen auch gefühlt werden.
- Das Unterbewusstsein lebt von Bildern. Daher sollten Affirmationen visualisiert werden.
- Mit dem Wunsch und der entsprechenden Affirmation am besten einschlafen.
- Die Affirmationen sollten ein Gefühl von Sicherheit und Geborgenheit vermitteln.
- Affirmationen sollten Freude in einem verbreiten.

Positive Affirmationen und ein kleiner Kritikpunkt

Nicht jedermann ist von positiven Bejahungen überzeugt und hierbei wird Kritik laut. Manche Menschen glauben fest an die Wirkung von positiven Glaubenssätzen und anderen können diese wiederum schaden. Vor allem Personen, die an Selbstzweifeln oder Angststörungen leiden, kommen oftmals in die Lage, dass sie sich durch positive Affirmationen enorm selbst unter Druck setzen. Es gibt einige Menschen, die sich dann besser fühlen, wenn sie ihre negativen

Gedankengänge - auch über sich selbst - aussprechen können. Fachleute vertreten die Ansicht, dass auch nachteilige Gedanken bedeutsam für die eigene Psyche sind.

Man muss also sich nicht immer für die positive oder negative Seite entscheiden, es kann auch helfen, eine wertfreie Gesinnung anzunehmen. Sie sollten sich bewusstmachen, dass es ebenso gute wie auch schlechte Tage gibt. Hat man einmal das Prinzip der positiven Affirmationen verstanden und auch erfolgreich eingesetzt, dann kann sich das ganze Leben ändern. Durch die Kraft des Wünschens sind Sie in der Lage, die Dinge in Ihrem Leben nach Ihren Vorstellungen zu gestalten. Beginnen Sie, Ihre Wünsche und Ziele neu zu formulieren und erfolgreich umzusetzen.

Schlusswort

Eine positive Gesinnung bringt einen Menschen in seinem Leben immer ein Stückchen näher an seine Ziele. Betrachten Sie sich selbst als jemanden, der nur positive Dinge anzieht und suchen Sie sich Unterstützung von Ihrer Familie, dem Partner oder von Ihren Freunden. Denn je mehr sie von positiven Dingen umgeben sind, desto intensiver ziehen Sie positive Energie an. Und so verhält es sich auch mit dem Gedankengut. Positives Denken meint nicht, dass man sich überlegt, wie toll man ist. Vielmehr bedeutet es, dass man sich die Zeit einräumt und darüber nachdenkt, für welche Situationen, Menschen oder Bereiche im Leben man dankbar ist. Haben Sie damit angefangen, denken Sie bereits positiv.

In der positiven Psychologie wird die Entwicklung einer Person als ein natürlicher Prozess angesehen, in welchem danach gestrebt wird, glücklich und zufrieden zu leben. Darüber hinaus umfasst die positive Psychologie auch die Bereiche der sozialen Zusammengehörigkeit, wie das Familien- oder Berufsleben. Durch die positive Psychologie wird dazu beigetragen, dass die Menschen ihr Potential erkennen und auch anwenden, sie erleben positive Emotionen und nutzen dies für ein selbstbestimmtes Leben. Das Ziel der positiven Psychologie ist es, dass Wohlergehen zu begünstigen sowie die persönlichen Reserven auszuweiten. Sie unterstützt die eigenen Stärken und trägt insgesamt zum privaten und beruflichen Glück und Erfolg bei.

Als kleine Überraschung habe ich jetzt noch eine 21-Tage-Challenge für Sie vorbereitet, die mit gezielten Aufgaben versehen ist, die Ihr Wohlbefinden sowie auch ihr Selbstbewusstsein steigern, ihre Neugierde wecken und ihre Lebensfreude erhöhen können. Oftmals sind wir der Ansicht, dass es großartige Veränderungen benötigt und einiges an Anstrengung angewandt werden muss, um wirklich nachhaltige Veränderungen zu erzielen - das stimmt so nicht, denn auch viele Kleinigkeiten summieren sich und bewirken am Ende viel.

Seien Sie offen für diese Challenge und geben Sie sich selbst die Chance auf ein glückliches Leben. Nur durch das Ausprobieren werden Sie erfahren, ob Ihnen die Challenge hilft oder nicht - dafür genügt es nicht, die Übungen in den eigenen Gedanken durchzuspielen, sammeln Sie praktische Erfahrungen, denn oftmals kommt es anders als man denkt! Ich wünsche Ihnen viel Spaß und Erfolg mit meiner Challenge!

Bonus: Die 21-Tage-Challenge!

Bevor wir mit der eigentlichen Challenge beginnen, ist es mir wichtig, deutlich zu machen, dass dieser Bonus keine 1.1 Anleitung darstellt, sondern vielmehr der Inspiration dienen soll. Es ist absolut in Ordnung, wenn Sie die ein oder andere Aufgabe ein wenig abwandeln, um sich damit wohler zu fühlen. Alle Aufgaben sind darauf ausgelegt, dass Sie sie ganz nebenher im Alltag ausführen können, denn die Übungen erfordern keinen großen Zeitaufwand.

Bedenken Sie bei der Abwandlung einer Aufgabe jedoch auch, dass Sie an Herausforderungen wachsen können, weshalb Sie gerade die Aufgaben, bei denen Sie ein seltsames Gefühl verspüren, unbedingt ausprobieren sollten, denn nur so können Sie Ihre Komfortzone erweitern, Ängste minimieren und an Selbstvertrauen gewinnen. Um dauerhafte Fortschritte machen zu können, ist es wichtig, dass Sie auch nach Ablauf der 21 Tage immer wieder kleine Übungen in Ihren Alltag integrieren, um Ihr Unterbewusstsein umzuprogrammieren und nicht wieder in alte Verhaltensmuster zu fallen. Nun fangen wir aber endlich mit den Übungen an!

Aufgabe 1: Einfach mal was Neues!

Viel zu oft sind wir im Alltagstrott gefangen und stumpfen daher ab. Zeit für etwas Neues! Heute ist es an der Zeit für eine kleine Veränderung! Kaufen Sie in einem anderen Supermarkt ein, fahren Sie eine andere Strecke von der Arbeit nach Hause oder machen Sie einen Spaziergang auf einem Weg, den Sie sonst nicht gehen.

Aufgabe 2: Lächeln!

Ja, es mag sich befremdlich anhören, aber versuchen Sie am heutigen Tag so oft es geht zu lächeln - hierbei ist es völlig egal, ob Sie sich dabei komisch vorkommen und wie Sie sich fühlen. Tun Sie es einfach, denn das Gehirn kann nicht zwischen einem echten und einem falschen Lächeln unterscheiden und schüttet daher Glückshormone aus!

Aufgabe 3: Spüren Sie Ihren Körper!

Durch den Alltagsstress verlieren viele Menschen die Verbindung zu sich selbst. Damit Sie sich wieder ein wenig mehr spüren können ist es heute an der Zeit für einen kleinen Tanz! Schalten Sie Ihre Lieblingsmusik an (entweder laut oder auch mit Kopfhörern) und tanzen Sie wenigstens ein paar Minuten! Fühlen Sie sich unwohl dabei, können Sie auch gerne die Rollläden herunterlassen, damit Sie niemand sehen kann - hier geht es ganz allein um Sie und die Verbindung zu Ihnen selbst!

Aufgabe 4: Gönnen Sie sich was!

Vielleicht haben Sie Sehnsucht nach einem ruhigen Spaziergang, einem besonders guten Essen, einer Massage oder etwas Anderem, doch Sie verwehren sich diese Dinge seit längerer Zeit, weil Sie der Meinung sind, dass Sie es nicht verdient haben? Viele Menschen neigen dazu, sich selbst zu bestrafen, wenn sie ganz menschliche Verhaltensweisen zeigen und bspw. an einem Tag nicht alles schaffen, was sie sich vorgenommen haben. Üben Sie sich in Milde Ihnen selbst gegenüber und gönnen Sie sich heute etwas, ganz egal, wie Ihr Tag war oder noch werden wird!

Aufgabe 5: Sagen Sie ‚Ja!' zu sich selbst!

Die Aufgaben auf der To-Do-List wachsen kontinuierlich an, der Freund oder die Freundin kommt ebenfalls noch mit einer Bitte um die Ecke und Sie wissen gar nicht mehr, wie Sie all diese Dinge erledigen sollen? Dann ist es an der Zeit, die Notbremse zu ziehen und ganz bewusst ‚Nein!' zu anderen und ‚Ja!' zu sich selbst zu sagen. Nehmen Sie sich eine Stunde Zeit und tun Sie etwas, das Ihnen guttut. Sie werden bemerken, dass andere Menschen Sie nicht verlassen, wenn Sie klare Grenzen setzen, sondern Ihre Beziehungen sogar noch tiefer werden - denn Ihr Gegenüber weiß, woran er bei Ihnen ist, wenn Sie klare Grenzen aufzeigen. Selbstverständlich sollten diese Grenzen immer freundlich und respektvoll kommuniziert werden.

Aufgabe 6: Seien Sie dankbar!

Ja, vermutlich könnten Sie jetzt schon wieder mit den Augen rollen, wenn ich Ihnen sage, dass es in jedem Leben etwas gibt, für das ein Mensch dankbar sein kann - doch Dankbarkeit ist so unfassbar wichtig, wenn es um das persönliche Lebensglück geht, weshalb auch ich Ihnen nahelegen möchte, dieses Gefühl zu üben - ja, Gefühle, Emotionen und auch Reaktionen lassen sich üben! Überlegen Sie sich daher heute (und am besten auch in Zukunft täglich) nach dem Aufstehen oder vor dem Schlafengehen fünf Dinge, für die Sie dankbar sind.

Aufgabe 7: Gehen Sie in den Dialog!

Sie sind nicht alleine mit Ihren Sorgen, auch, wenn sich das manchmal so anfühlt. Trauen Sie sich und öffnen Sie sich einer Person in Ihrem Umfeld, der Sie vertrauen. Alternativ können Sie natürlich auch in den inneren Dialog mit Ihnen selbst gehen. Achten Sie hierbei jedoch darauf, dass Ihre Gedanken respektvoll sind und machen Sie sich nicht selbst fertig.

Aufgabe 8: Halten Sie sich Ihre Stärken vor Augen!

Jeder Mensch sammelt im Laufe seines Lebens Erfolge - jeder! Meist sind wir uns unseren Stärken nicht mehr bewusst, weil wir von klein auf getrimmt werden, unsere Schwächen in den Fokus zu rücken. Daher ist es heute an der Zeit, dass Sie sich intensiv mit Ihren Stärken beschäftigen. Was können Sie wirklich gut? Beenden Sie die Übung erst, wenn Sie mindestens drei Stärken gefunden haben.

Aufgabe 9: Gehen Sie Herausforderungen an!

Stellen Sie sich heute selbst eine Aufgabe, irgendetwas, was Sie längst tun wollten, jedoch immer wieder Ausreden gefunden haben. Gehen Sie es endlich an und stellen Sie sich der Herausforderung!

Aufgabe 10: Transformieren Sie einen Glaubenssatz!

Suchen Sie sich einen negativen Glaubenssatz aus, den Sie in sich tragen und transformieren Sie ihn. Suchen Sie sich nicht den größten Brocken heraus, sondern beginnen Sie mit einer Kleinigkeit und beweisen Sie sich, dass dieser Glaubenssatz (vielleicht) früher zugetroffen hat, Sie jetzt jedoch älter sind und daher ganz andere Fähigkeiten besitzen.

Aufgabe 11: Heute ist Meditation angesagt!

Nehmen Sie sich etwa 10 bis 15 Minuten Zeit und machen Sie eine geführte Meditation. Probieren Sie es einfach aus, wie es sich anfühlt, das eigene Leben zu entschleunigen und Stück für Stück zu sich selbst zu finden. Meditation benötigt ein wenig Übung, doch die ersten positiven Effekte sind oftmals sofort spürbar.

Aufgabe 12: Eine halbe Stunde Zeit!

Nehmen Sie sich heute eine halbe Stunde Zeit und lesen Sie ein Buch, das Sie wirklich weiterbringt. Keine Krimis, Romane, etc., sondern ein Buch über Psychologie, Persönlichkeitsentwicklung, etc. Sie werden feststellen, dass diese Art von Lernen viel mehr Freude bereitet als das Lesen von Schulbüchern früher - und vielleicht finden Sie so ein neues Hobby und Ihre Neugierde erwacht.

Aufgabe 13: Machen Sie heute nur ‚Erfahrungen'!

Wie wäre es, wenn Sie nie wieder versagen könnten, sondern nur noch Erfahrungen machen würden? Heute sind Selbstvorwürfe verboten und es ist an der Zeit für ein Umdenken. Misslingt Ihnen eine Aufgabe, so fragen Sie sich sofort, welche Lernerfahrung sie daraus für Ihr Leben mitnehmen können. Fehler sind wichtig für unsere Entwicklung, weshalb wir uns nicht davor fürchten sollten.

Aufgabe 14: Was wäre, wenn…?

Das heutige Motto heißt: Grenzenlos! Was würden Sie tun, wenn keine Grenzen geben würde? Welchen Aktivitäten würden Sie nachgehen? Wie würden Sie sich fühlen? Was würden Sie arbeiten? Würden Sie überhaupt arbeiten? Um sein eigenes Leben zu verbessern, sollte man sich zuerst überlegen, wo man eigentlich hinmöchte - also tun Sie genau das heute!

Aufgabe 15: Im Hier und Jetzt!

Sie sind gedanklich schon wieder beim Meeting, das nächste Woche ansteht? Oder Sie überlegen mal wieder, wie Sie letztes Jahr in dieser einen Situation besser hätten reagieren können? Nur die wenigsten Menschen leben tatsächlich im Hier und Jetzt. Versuchen Sie daher heute Ihren Fokus immer wieder von der Zukunft oder der Vergangenheit zurück in die Gegenwart zu lenken und dort zu halten.

Aufgabe 16: Ein Leben ohne Grenzen…

Vorgestern haben Sie sich überlegt, wie Ihr Leben aussehen würde, wenn Sie tun könnten, was Sie wollen. Heute ist es an der Zeit, den ersten kleinen Schritt in die richtige Richtung zu gehen. Verändern Sie eine Kleinigkeit im Alltag und bauen Sie sich so eine neue Gewohnheitskette auf, um im Laufe der nächsten Wochen, Monate und Jahre Ihrem Ziel näher zu kommen. Schritt für Schritt!

Aufgabe 17: Reframing

Keine Erfahrung ist nur gut oder nur schlecht. Wie wir eine Situation empfinden, hängt maßgeblich davon ab, wie wir sie bewerten. Im Nachhinein bewerten wir auch oftmals Situationen neu und völlig anders - und so entpuppen sich vermeintliche Katastrophen oft als wahrer Segen. Suchen Sie sich heute eine Situation aus Ihrer Vergangenheit aus, die Sie neu bewerten möchten und tun Sie genau das.

Aufgabe 18: Achtsamkeit

Begeben Sie sich in den Wald und nehmen Sie Ihre Umwelt mit allen Sinnen ganz bewusst wahr. Was sehen Sie? Was hören Sie? Was riechen Sie? Wie fühlt es sich an, über die Rinde eines Baumes zu streichen? Können Sie den Wald vielleicht sogar schmecken? Bewusste Empfindungen sorgen dafür, dass wir uns mit uns und unserer Umwelt verbunden fühlen.

Aufgabe 19: Was hat Ihnen früher Spaß gemacht?

Als Kinder und Jugendliche haben wir oftmals Hobbys, die wir im Laufe des Erwachsenwerdens vernachlässigen. Bringen Sie mehr Freude in Ihr Leben, indem Sie sich daran erinnern, was Ihnen früher Spaß gemacht hat - und nehmen Sie wenigstens eines dieser Hobbys wieder auf! Es kann gut sein, dass der Spaß erst nach ein paar Malen zurückkommt, deshalb sollten Sie dem Hobby mehrere Chancen geben.

Aufgabe 20: Bewusstes Nichtstun

Die wenigsten Menschen können gut alleine sein. Damit meine ich nicht das allein in einem Raum sein und Musik hören, sich mit dem Handy beschäftigen, etc., sondern wirklich nur mit sich und den eigenen Gedanken. Setzen Sie sich heute einmal für etwa 15 bis 20 Minuten bequem hin und tun Sie einfach nichts. Lassen Sie die Gedanken ziehen und spüren Sie, wie Sie sich dabei fühlen.

Aufgabe 21: Was kann ich tun, um noch mehr Freude in mein Leben zu bringen?

Heute ist der letzte Tag der Challenge! Heute geht es darum, dass Sie sich überlegen, welche Aufgaben Sie auch in Zukunft in Ihr Leben integrieren möchten und was Sie außerdem tun können, um das Leben noch lebenswerter zu gestalten. Erschaffen Sie eine persönliche Lebenschallenge, die Ihre Neugierde weckt und Ihre Freude fördert! Wie diese Challenge aussehen muss, um wirklich zu funktionieren, diese Frage können nur Sie selbst beantworten!

Haftungsausschluss

Die Umsetzung aller enthaltenen Informationen, Anleitungen und Strategien dieses Buchs erfolgt auf eigenes Risiko. Für etwaige Schäden jeglicher Art kann der Autor aus keinem Rechtsgrund eine Haftung übernehmen. Auch kann keine Garantie für Erfolge ausgesprochen werden, da diese mitunter sehr von der Persönlichkeit des Lesers abhängen. Für Schäden materieller oder ideeller Art, die durch die Nutzung oder Nichtnutzung der Informationen bzw. durch die Nutzung fehlerhafter und/oder unvollständiger Informationen verursacht wurden, sind Haftungsansprüche gegen den Autor grundsätzlich ausgeschlossen.

Ausgeschlossen sind daher auch jegliche Rechts- und Schadensersatzansprüche. Dieses Werk wurde mit größter Sorgfalt geprüft, nach bestem Wissen und Gewissen erarbeitet und niedergeschrieben. Für die Aktualität, Vollständigkeit und Qualität der Informationen übernimmt der Autor jedoch keinerlei Gewähr. Auch können Druckfehler leider nicht vollständig ausgeschlossen werden. Für fehlerhafte Angaben vom Autor kann keine juristische Verantwortung sowie Haftung in irgendeiner Form übernommen werden.

Urheberrecht

Impressum

1. Auflage

Kontakt: Marielle Camann, Karolinenstraße 9, 13507 Berlin.

Printed in Germany
by Amazon Distribution
GmbH, Leipzig

27689657R00084